1年間
まるっと
おまかせ！

中3
担任のための
学級経営
大事典

玉置 崇 編著

明治図書

Introduction

中学３年生学級経営成功の５つの秘訣

岐阜聖徳学園大学　玉置　崇

① 「君たちは学級づくり９年目のベテランだ」と強調する

３年生の学級開きでは，いつも次のように話しました。

「君たちは小学校で６年間過ごし，中学校では３年目となりますから，学級づくり９年目のベテランです。君たちにとっては，義務教育最後の学級となるわけですから，人生の中でずっとよい思い出となる学級にしたいと，私は思っています。そのためにベテランの君たちに学級づくりをかなり任せたいと思っています」

このように宣言します。学級全員に最高学年としての自覚をもたせるとともに，この学級をよくも悪くもするのは君たちだと伝えたいからです。

こうした呼びかけは，生徒の積極性を生み出します。４月当初は，学級委員，委員会，学級当番，係活動など，短時間で様々なことを決めていかなければいけませんが，このように呼びかけておくと，自ら立候補したり，決め方について意見を述べたりする生徒が多く，組織づくりで困った経験はありません。

また上記のように宣言した以上，ちゃんと生徒に任せなくてはいけません。私は，この学級が誰にとっても居心地がよいものにするには，何を決めておくとよいかまで考えさせました。

そんなことまで生徒に考えさせる時間はないと思われるでしょう。その通りです。私は，４月当初の「学級の時間」の時数と，決めなくてはならない項目を生徒に伝え，どうしたらよいだろうかと相談しました。「すぐに決めないと困ることは去年の方式でいい」とか，「家で案を考えてこよう。朝の会で，自分たちで決めておきます」など，「さすが学級づくりのベテラン」と拍手をしたくなる意見やアイデアが出されるものです。生徒を信じましょう。

❷ 生徒は大人だとして接する

　私は，「中学3年生は義務教育最終年度である」ことをいつも意識し，「民主主義」「合意形成」「社会性」などという言葉をあえて多用しました。これは，生徒に「あなたたちを大人として見ていますよ」というメッセージを伝えるためです。生徒に背伸びをさせようという意図もありました。

　こうした担任の思いを受けとめた生徒は，学級会などでは建設的な意見を述べたり，調整役を担ったりしてくれます。

　このようなことがありました。学級新聞係に希望者が集まりすぎたとき，次の発言があったのです。

　「全員を係にして，2種類の学級新聞を発行することにすればいい。世の中では，いくつかの会社が新聞を発行しているのだから，1つにすることはないと思います」

　この意見には唸りました。このような見方や考え方ができる生徒がいるのだと感心してしまいました。4月早々から「社会」のことを意識して伝えてきたことが，こういう場面で表れたのだと思いました。

　中学3年生を大人として扱うと，彼らはそれを意気に感じてがんばってくれると体験から確信しています。

❸ リーダーの素養がある生徒の意欲を高める

　次のような言葉を4月早々の職員室で聞いたことはありませんか。

　「今年の学級には，生徒会役員や学級委員経験者が3人もいるから，学級は大丈夫」

　こういう言葉を聞くと，この教師は生徒の気持ちを全く理解できていないなと思います。また，この教師の学級ではリーダーは育たない，むしろリーダーを潰してしまうぞと心配します。

　生徒の気持ちになってみましょう。いくらリーダー性がある生徒であっても，新学期を迎えて，「新学期だ。今年もよい学級にするようにがんばるぞ！」という生徒はいません。「担任は誰か，友達と同じ学級になれるのか」など，自分のことにしか関心がなくて当然です。学級づくりに思いを馳せるような生徒がいると考える方が不思議です。

　だからこそ，学級リーダーを育てることは学級担任の腕の見せどころなのです。経験者を含め，リーダー性があると申し送りがあった生徒は，そういった素養があるわけですから，ぜひとも学級で活躍させましょう。生徒にその力を発揮しようという気持ちにさせるのは，あくまでも学級担任であることを忘れてはいけません。

❹ 叱るときはさっぱり型

　生徒から距離を置かれ，学級のまとまりを失ってしまう学級担任には共通する特徴があります。生徒が過ちをしたときの対応です。教師としてそれを注意するのは当然ですが，生徒はすでに自分自身の過ちはわかっているのです。それなのに，過ちをクドクドと説諭する担任からは，生徒の心は離れていきます。

　しかも，注意を受けていないまわりの生徒の心も離れていくのです。生徒は見ていないようでよく見ています。「担任はあんなにクドクドと言うのか。悪いとわかっているのだから，いちいちこれは悪いことだと言わなくてもいいのに」などと，批判的に見ているのです。叱るときはさっぱり型を心がけましょう。これは学級経営を成功させる秘訣の１つです。

❺ 当たり前のことを当たり前にできることを価値づけする

　私が学級担任をしていたときには，「当たり前のことが当たり前にできることこそすばらしい」と，機会あるごとに伝えていました。

　当たり前のことが当たり前にできる学級では，生徒を注意することはほとんどありません。

　・気持ちのよい返事ができる学級
　・時間を守ることができる学級
　・整理整頓ができる学級
　・提出日を守ることができる学級
　・清掃がしっかりできる学級

　４月当初にこうした当たり前のことを示します。そしてこのことは進学先でも，就職先でも，やはり当たり前のことなのだと強調します。人生の中で，これが当たり前でない時や場所は永遠にないとも話します。

　学級集団として大切なことは，当たり前のことが当たり前にできる学級であることだと価値づけます。当たり前の行為をさげすむような空気をつくらせてはいけません。

　私が校長となったときに，学級担任時代に生徒に言い聞かせていたこのことを思い出し，「ABCDの原則」をつくりました。

　Ａ＝当たり前のことを
　Ｂ＝バカにしないで
　Ｃ＝ちゃんとやれる人こそ
　Ｄ＝できる人

　やはり，当たり前のことはいつの時代でも大切であることに変わりないのです。

Contents

1章 春休み〜最初の１週間の全仕事ガイド

2章 必ずうまくいく学級開きのアイデア

3 章 年度はじめの 環境・システムづくり

4 章 春の行事指導の ポイント＆アイデア

5 章 年度はじめの 生徒指導・学習指導のポイント

6章 信頼される 保護者対応術

7章 夏休み明けの 学級引き締め＆盛り上げ術

8章 秋の行事指導の ポイント＆アイデア

9章 学級グレードアップのアイデア

中3担任の学級経営 Q&A

1章

春休み〜
最初の1週間の
全仕事ガイド

春休み

春休み中のタイムテーブル

	学年・学校単位でやること	学級担任としてやること
7日前	・新年度の学年経営方針を確認 ・学年組織の確認 ・学年の情報交換	・学級名簿の作成・確認 ・生徒記録ノートの作成
6日前	・生徒名簿の準備・印刷 ・指導要録，健康診断票，歯科検診票など，帳簿類を学級ごとに差し替え ・生徒氏名印の差し替え ・出席簿，給食実施簿の準備	・教室の机・椅子の数の確認 ・帳簿類や生徒氏名印の確認 ・出席簿，給食実施簿の確認 ・蛍光灯，ロッカー，カーテン，黒板消し，教卓，掃除道具などの教室環境の点検
5日前	・健康手帳，家庭環境調査票などの差し替え ・集金関係の準備 ・生徒手帳の準備	・健康手帳，家庭環境調査票などの確認 ・集金簿，生徒手帳の確認 ・教室掲示物のタイトルの作成 ・予定表の作成
4日前	・下駄箱や傘立ての確認 ・学年だよりの発行（学年の経営方針，学年教師集団の紹介）	・学級目標，ルールのたたき台づくり ・日直，係・当番システムの確認 ・座席表の作成
3日前	・廊下や階段，トイレの清掃 ・2年生からの持ち上がりの教材を確認，差し替え	・学級通信作成 ・自己紹介カードや目標カードの作成 ・名前シールの作成 ・点検表などの印刷
2日前	・学級発表用資料の作成 ・教科書，副読本の移動 ・靴箱の清掃	・連絡封筒準備 ・配付物の準備 ・教科書，副読本の確認
前日	・入学式，始業式の準備（代表生徒指導） ・各学級の状況を確認 ・次の日の日程の確認 ・配付物や回収物の確認	・教室の清掃，黒板へのメッセージ書き ・担任自己紹介や所信表明の練習 ・机・ロッカーなどに名前シールを貼る ・次の日の日程の確認 ・配付物や回収物の確認

学年・学校単位の仕事ガイド

❶学年の先生と情報交換を密にする

　１・２年生から持ち上がってきた先生，新しく３年生を担任する先生と，学年の教師集団も新しくなります。同一歩調で学級・学年を運営していくためには，情報の共有が一番大切になります。昨年度までどのようなシステムで日直や係活動などを行ってきたのか，どのように生徒指導をしてきたのか。３年生は自分たちで学級を運営することができます。今までのシステムを踏襲することで，スムーズに自分たちで学級運営ができます。

　また，生徒の情報も確実に引き継ぎましょう。人間関係で心配な生徒，不登校傾向の生徒についてもきちんと情報をつかんでおきましょう。３年生は進路指導が学級経営の軸になります。学習面で心配な生徒についても昨年教えておられた先生から聞いておくことが必要です。始業式までの準備も多くあります。学年の先生と一緒に準備をすることで，様々な情報を得ることができます。

❷書類の整理を徹底し，点検は複数の目で

　指導要録，健康診断表，個別の支援計画など取り扱いに注意すべきものが多くあります。また，進学先や就職先に引き継ぐものも多くあります。昨年の学級と差し替えたり，番号順に並べ替えたりするときに，複数の目で点検していきましょう。また，このときに住所や保護者が変わった生徒がいないか確認しておくことも大切です。それぞれの書類などを紛失しないように，学校，学年で確実に管理をしていきましょう。

学級担任としての仕事ガイド

❶卒業を見越したビジョンをもつ

　中学校の最高学年である３年生は，いろいろな活動で「最後」という言葉がつきます。そして３月には卒業式となります。一つひとつの行事でどんな成長をさせていくのか，そして卒業式をどんな姿で迎えさせるのか。こう育てたいというビジョンをしっかりともって始業式に臨みたいです。また，３年生は進路指導についても進めていかなければいけません。進路指導のベテランの先生と進路指導の進め方についても話をしておくと，１年を通して計画的に進めていくことができます。

❷環境整備を徹底する

　教室が変わると気持ちも新しくなります。学校によっては進級して校舎が変わる場合もあります。新たにがんばろうという気持ちの生徒が気持ちよく１年をスタートできるように，環境整備を徹底しましょう。教室はもちろんですが，靴箱や使用するトイレについても確認をしていきましょう。落ちついたきれいな環境で過ごすことができれば，生徒も落ちついて学習に取り組むことができます。

❸当面の予定表を早めに用意する

　新年度がスタートしてから１週間ぐらいの予定や持ち物をプリントにしてまとめておきましょう。始業式後は慌ただしい日々が続きます。予定表をつくって生徒に渡しておくことで，生徒も見通しをもって行動することができますし，我々教師も落ちついて行動することができます。

1日目

1 日目のタイムテーブル

8：05〜	・職員打ち合わせ
8：30〜 9：30	・入学式の手伝い 【入学式】
9：30〜 10：10	・登校指導 ・学級編成表の準備 ・新学級の発表 ・整列指導・教室へ移動 ・教室での座席確認 ・机，椅子の調整 ・着任式，始業式の事前指導 ・教科書，副読本などの配付物の確認 ・着任式・始業式へ移動時の整列指導，入場準備
10：30〜 11：00	【着任式・始業式】 ・担任発表
11：10〜 12：00	【学級開き】 ・担任の自己紹介と所信表明 ・提出物の回収 ・教科書，副読本の記名 ・明日の日程や持ち物の連絡

1日目の仕事ガイド

いよいよ，始業式です。担任と生徒との大切な出会いの日です。明るい笑顔を忘れず，生徒と対面しましょう。担任が笑顔でいるだけで，生徒は学級に安心感をもちます。また，1・2年生で担任したり，指導したりした生徒もいるかもしれません。お互いに新たな気持ちでがんばっていこうという思いを伝えていきましょう。

その後の学級活動では，あいさつや提出物，配付物の確認など必要不可欠なことが盛りだくさんです。前日までにやるべきことを押さえておきましょう。当日は予定表を見ながら確認していくとよいです。3年生担任として一つひとつのことを確実にやっていくことで，生徒から信頼が得られます。

❶温かい雰囲気の教室で生徒を迎える

進級して初めて入る教室になります。温かいメッセージで生徒を迎えましょう。学級編成表も教室に掲示しておくと，お互いの名前を覚えることに役立ちます。机の上に教科書や副読本などの配付物がのっている場合は，整頓しておきましょう。整頓された状態の目安も示しておくとよいです。

❷始業式の心構えについて

教室に入った後，すぐに始業式となります。最高学年として始業式に臨む態度について話をしておきましょう。特に校歌斉唱では新入生の手本となるように歌わせたいです。体育館では，昨年までと並ぶ場所も変わります。最高学年として，学校の顔となることを自覚させて式に臨ませていきましょう。

❸心配な生徒の様子を確認する

新しい学級で新しい人間関係づくりが始まります。心配な生徒についての情報を得ていると思います。その生徒の様子を確認しておきましょう。昨年から知っている生徒なら，帰る前に学級についてどう感じたかなどを聞いておくのもよいです。

❹配付物と提出物を確認する

教科書や副読本を配付したら，乱丁・落丁がないかを確認させ，記名しておくように指示しましょう。また，配付物の中には，学校に提出するものが多くあります。実物を見せながら，提出期日の部分に色ペンで線を引かせるなど確認をしていきましょう。

2日目

2 日目の時間割例

1限	学級活動①	・こんな学級にしたい ・給食当番と清掃当番の役割分担 ・日直活動の確認
2限	学級活動②	・自己紹介カード作成 ・3年生の目標作成 ・学級写真撮影 ・通学団（住所をもとに分けた集まり）の確認
3限	身体測定	・測定項目と測定順の確認 ・測定後の教室での過ごし方の確認
4限	通学団会	・通学路の確認 ・通学団の役割の決定

2 日目のチェックポイント

- □ 登校指導のあいさつで，生徒の表情を確認する
- □ 登校時，頭髪や服装に問題がないか確認する
- □ 欠席した生徒はいないか，欠席者がいればその理由を確認する
- □ 靴箱の靴の整頓を確認する
- □ 靴箱の靴に記名がされているか確認する
- □ ロッカーの場所や使い方，カバンの入れ方を確認させる
- □ 前日配付した家庭環境調査票や保健調査票などを回収する
- □ 人間関係で心配な生徒や不登校生徒が誰と話しているかを確認する
- □ 生徒一人ひとりの名前と顔が結びついたかを確認する

2日目の仕事ガイド

　1日目は始業式と連絡関係で，生徒にとっても担任にとっても慌ただしい1日でした。生徒ともゆっくり話ができなかったと思います。2日目は生徒との人間関係づくりが大切になります。また，生徒同士も新しい関係づくりの最中で，まだまだぎこちない状態です。新しい人間関係をつくるうえでも，できるだけ生徒同士で話す機会を設けたいところです。

　また，生活のルールをつくるのも大切なことです。何事もはじめが肝心です。特に3年生では，自分たちで考えさせながら基本的生活習慣を身につけさせたいものです。生徒は，担任の先生はどんな先生かなと見ていますし，話もしっかりと聞いています。細かな点まで生徒に納得させながら話をしていくと，担任としての信頼度が高まります。

❶登校指導で声かけを行う

　昇降口または教室で生徒を迎えます。さわやかにあいさつをして，できる限り全員に声をかけるようにしましょう。また，頭髪や服装に問題がある場合は教室に入る前に直させます。まだ生徒との関係ができていないときは，いきなり叱るのではなく，「シャツが出ているよ」などと声をかけるのがよいです。声をかけることで，この先生はちゃんと見ているなと生徒は思います。また，できていなかったら繰り返し声をかけることも大切です。

❷整理整頓を心がけさせる

　自分の靴箱，ロッカーの確認をさせ，荷物を整理して靴やカバンを入れさせます。みんなで使う場所なので，整理整頓を心がけて，お互いに気持ちよく生活しようと声をかけていくとよいです。また，きちんとできていればほめましょう。2日目には，生徒のできていることを見つけてほめることで，生徒はこの次もきちんとしていこうという思いをもちます。

❸どんな学級にしたいか生徒に考えさせる

　1日目は，教師がこんな学級にしたいという思いを伝えました。3年生は自分たちで学級運営することを目指していきます。そのためにも一人ひとりがこんな学級にしたいという思いをもつことが大事です。まだ人間関係ができていないこの時期は，一人ひとりで発表するのに抵抗のある生徒もいます。そこで，4人班になって考えさせる方法があります。班で話し合わせ，出た意見を模造紙に記入させます。自己紹介もあわせてさせるとよいです。少人数だと緊張せずに発表しやすいからです。できあがったものを最後に発表し，掲示することで学級の方向性ができてきます。それをもとに，自己紹介カードや3年生の目標を書かせるのもよいです。また，給食当番や清掃の役割分担も自分たちでできそうなら任せてみましょう。

3日目

3 日目の時間割例

1限	学力検査①	・実施方法の共通理解
2限	学力検査②	・テストの受け方指導
		・テストの回収方法の指導
		・組や出席番号等の間違いに注意
		・テスト回収後，記載事項が違っていないか確認
3限	学年集会	・学年として育ってほしい姿とは
		・進路決定に向けて
		・生活・学習の取り組み方について
4限	学級活動③	・学級目標づくり

3 日目のチェックポイント

- ☐ 登校指導のあいさつで，生徒の表情を確認する
- ☐ 登校時，頭髪や服装に問題がないか確認する
- ☐ ロッカーの場所や使い方，カバンの入れ方を確認させる
- ☐ 欠席した生徒はいないか，欠席者がいればその理由を確認する
- ☐ 靴箱の靴の整頓を確認する
- ☐ 靴箱の靴に記名がされているか確認する
- ☐ 先日までで回収できていないものはないか確認する
- ☐ 人間関係で心配な生徒や不登校生徒の，班での話し合いや休み時間の様子を確認する
- ☐ 学級でまだ話をしていない生徒，声をかけていない生徒はいないかを確認する

3日目の仕事ガイド

授業開始までに，健康診断などの行事，標準学力検査，給食・清掃当番を軌道に乗せるための学級活動などを組みます。また学年集会を行い，学年として目指す姿や3年生としての生活や学習の取り組み，そして進路指導の話をしましょう。集会で話を聞いた後，学級に戻ってからさらにその話を深めていくと，より効果的に生徒に伝わっていきます。

学級ではだんだんと新しい人間関係ができ始めてきます。学級目標を全員の考えをもとに決めることで，学級で何を目指していくのか，その方向性を考えることができます。1年の間には学級の中で様々なことが起きます。そのたびに学級目標に立ち戻ることで，学級の在り方について考えることができます。生徒にとって，自分たちで決めた学級目標が学級運営の柱となってきます。

❶学力検査で確認すること

3年生になって初めてのテストが今回の学力検査になります。テストの受け方について再度細かな部分まで確認をするとともに，早く終わっても時間いっぱいまで見直しをする習慣を身につけさせる必要があります。また学力検査で自分の弱点を確認し，今後の課題とさせましょう。

進級したことで，出席番号が新しくなることもありますが，間違って昨年の番号を書く生徒もいます。テストの回収後に必ず点検をしましょう。テスト中に氏名や番号を確認しながら机間巡視をするのもよいです。

❷学級目標づくり

2日目に，どんな学級にしたいかを4人班で話し合いました。その話し合いをもとに，学級目標づくりに取り組みましょう。ここでも4人の班で相談しながら模造紙に書いていくとよいでしょう。班で出された意見を学級全体で共有し，最終的に1つに絞っていきましょう。自分たちで学級目標をつくることで，学級の具体的な姿がイメージできます。学級の中でイラストの上手な生徒がいれば，掲示物をつくってもらうのもよいでしょう。集会などで，それぞれの学級の学級目標を発表する場をもつと，他の学級の目指す姿がわかるとともに，自分たちの学級の目指す姿がよりはっきりします。

3日目になると，欠席したり，休み時間などに1人でいる生徒も出てきたりします。そういった生徒には，担任として声をかけることが大事です。教師に声をかけてもらえることで，安心して学級で生活ができるようになります。

4・5日目

4・5日目の時間割例

1限	学力検査③	・実施方法の共通理解
2限	学力検査④	・テストの受け方指導
3限	学力検査⑤	・テストの回収方法の指導
		・組や出席番号等の間違いに注意
		・テスト回収後，記載事項が違っていないか確認
4限	学級活動④	・給食指導
5限	学級活動⑤	・学級委員決め
6限	学級活動⑥	・委員会決め
		・係決め

4・5日目のチェックポイント

- ☐ 登校指導のあいさつで，生徒の表情を確認する
- ☐ 登校時，頭髪や服装に問題がないか確認する
- ☐ ロッカーの場所や使い方，カバンの入れ方を確認させる
- ☐ 欠席した生徒はいないか，欠席者がいればその理由を確認する
- ☐ 靴箱の靴の整頓を確認する
- ☐ 靴箱の靴に記名がされているか確認する
- ☐ 学級や学年で決めたルールがきちんと守られているか確認する
- ☐ 人間関係で心配な生徒や不登校生徒の，班での話し合いや休み時間の様子を確認する

4・5日目の仕事ガイド

　給食や清掃活動が始まります。班を編成し，役割分担をすることで責任をもち，協力し合う関係をつくらせたいものです。それぞれの活動の目的や意義を一つひとつ考えさせることも必要です。やらされるからではなく，自分やまわりの仲間に役立つ仕事であることを意識させ，活動させましょう。目的・意義に裏打ちされたルールをきちんと守らせることが，みんなが安心する学級づくりにつながっていきます。

　また，学級の組織づくりも始まります。特に３年生のリーダーは，自分たちで学級を運営するための中心的な存在になります。３年生のリーダー像を教師が事前に伝えておくことも大切です。また委員会や係活動も学級にとって大切な仕事です。自分の役割を確実に行うことで，集団への帰属意識を高めることができます。

❶リーダーの育て方

　リーダー育成の基本は「まずやらせてみる」ことです。たくさん失敗もするでしょうが，何が原因かを考えさせ，教師がアドバイスを行い，再度取り組ませます。このサイクルを繰り返していくうちに，周囲を引っ張る力が育ってきます。

　また，教師は，どんな小さなことでも，うまくいったらほめ，感謝の言葉を伝えることが大切です。ほめられること，認められることでさらにリーダーとしての自信や自覚が高まり，次のがんばりにつながります。

❷委員会や係活動の充実

　３年生では委員会の委員長など，責任ある立場で活動することが多くなります。自分たちが中心となって活動することで，中学校を動かしているという思いが生まれます。

　また，委員会や係の活動なども，自分たちでスムーズに行えるようになってきます。当たり前にやれていることを，担任としてしっかり評価をすることが大切です。

　担任が生徒のがんばっている姿に声かけをすることで，生徒同士もがんばっているところを見つけ，認め合っていきます。自ら考え動く委員会や係活動がより充実してきます。

❸授業開始に向けて

　学級づくりが終わると，次は授業になります。３年生もやはり授業が一番大事な時間になります。スタート早々の忘れ物がないように前日にしっかりと確認をしておきましょう。

（堀　　将礼）

スタートダッシュが決まる

学級開き当日の鉄板トークネタ

① 出会いと○組らしさを大切に

話し始める前に

　中学校生活最後となる３年生。特に学級替えが行われる学校では，生徒にとって新たな出会いに期待と不安でいっぱいの１日です。また，学校のリーダーであり，約９ヶ月後には進路選択もひかえています。そんな１年の始まりには，出会いと○組らしさの話をします。出会いでは，２年生のときに学んだ確率を振り返り，色の話にのせて○組らしさの話をします。

鉄板トークネタ

笑顔で生徒の表情を１人ずつ確認し，ゆっくり大きな声で話します。

> 　進級おめでとうございます。担任の○○です。よろしくお願いします。学級替えでは，親しい友人と同じ学級になれなかった人もいることでしょう。でも，２年生のとき数学で学んだ確率のことを思い出してください。この学級の○人が同じ学級になる確率というものを想像したら，この出会いは奇跡だと思いませんか？　出会いを大切にして，卒業までともに歩んでいきましょう。また，ぜひ，○組らしい色をつくりましょう。色って，混ぜ方で綺麗にもなれば，濁ってしまうこともありますよね。これまで各学級でつくった色をうまく混ぜ合わせて，○組らしいきれいな色をつくっていきましょう。

　担任の思いを語ったら，連絡や配付物も多くあるため，事務連絡を速やかに行います。
　多くの配付物に気づいた生徒から「手伝いましょうか？」と声が出たら大いにほめます。

> 　気づいた人がさっと動くことができるって素敵です。動く人がいて，その人に感謝する人たちがいるから，よい集団が成り立つのです。そんなクラスであってほしいです。

（西村　禎子）

話し始める前に

　3年生ともなれば，教室内の雰囲気は1・2年生の頃よりも比較的落ちついた様子が伺えますが，それでも生徒たちは緊張しています。今日から最上級生となり，学校の顔になるからです。最後の1年間へ希望をもたせつつ，「今まで以上に磨きをかけて，当たり前のことをしっかり続けていこう」という気持ちをもたせましょう。

鉄板トークネタ

　生徒たちの前に立ったら，まずは表情を確認し「今日から3年生だね」と笑顔で語りかけながら，次の3つの話をしていきます。

① 「礼儀・感謝」（君たちに関わる全ての人へ）
　今年1年は，中学校生活の集大成です。そして，義務教育最後の卒業式があります。そのために，この1年は君たちに関わる全ての人に対して，今まで以上に礼儀や感謝の気持ちをもって生活してほしいと思います。この気持ちをもって生活していけば，きっと「この学級でよかった」と思って卒業式を迎えられるはずです。

② 「熱」（全てに燃える・授業や行事に全力で取り組む）
　今年は君たちが行う全てのことに，必ず「最後の」という言葉がつきます。出し惜しみは一切せず，全てのことに情熱をもって取り組んでほしいと思います。そうすれば，たくさんの思い出ができるはずです。そして，後輩たちはその姿を必ず見ています。背中で語れる，そんな格好いい最上級生になってほしいと思います。

③ 「チーム」（点ではなく面で成長してほしい）
　学級はチームです。みんなで協力しながらこの学級をつくっていきましょう。しかし誰か（点）だけが成長するのではなく，学級全体（面）で成長していきたいと思っています。まわりで声をかけあい，他から「あの学級ってなんかいいな」と思ってもらえるような，チームワーク抜群な学級にしていきましょう。

（金子　和人）

話し始める前に

　３年生となった生徒たちは，最上級生としての自信と進路選択への不安を抱えて進級しています。生徒たちのプライドを最大限に尊重することと，信頼感を与える話しぶりで保護者・生徒の不安を払拭することが，失敗しない学級開きの鍵になるでしょう。「この先生に相談をしたい」と思わせることを目指しましょう。義務教育最後の学級に大きな期待を膨らませていることも事実です。生徒たちが求めているのは楽しい学級です。これら全てを感じさせることが必要とされます。人生の先輩としての教師の腕の見せ所です。

鉄板トークネタ

　３年生は大人の一歩手前。時には難しい言葉や表現を入れてみたり，話すスピードをこれまでよりも少し速くしたりするのもよいでしょう。大人扱いを意識した態度で話しましょう。

> 　進級おめでとうございます。始業式では最上級生としてとても頼もしい姿を見せてもらいました。あなたたちと義務教育最後の１年を過ごせること，そして人生選択の大事な１年を共に歩んでいけることを大変嬉しく思います。

　また，お世辞を見抜く生徒もいます。素直な気持ちを述べることで生徒が安心します。

> 　３年生の担任となり，正直，プレッシャーを感じています。「あなたたちの人生選択を預かる」なんて，大それたことは言えません。進路を選択するのも，それを実現するのも，あなたたち自身が行うことです。私はそのお手伝いを全力でやらせてもらいます。そのために今ここにいます。先生も中学時代の進路選択を乗り越えて今ここに立っています。先生としてだけでなく，経験者としてお話できることがあるはずです。気軽に何でも聞いてください。進路選択の１年は，辛いものではなく，未来への「希望」です。
> 　１年後にはあなたたちは義務教育を終えて，立派な大人としてそれぞれの進路へ旅立ちます。社会の中で生きていくためには，仲間との「協力」が大切です。さまざまな行事の中で，３年生としての立派な集団を見せることができれば，強く生きていけるはずです。一生の最高の想い出をつくれる，そんな学級をみんなで協力してつくりあげていきましょう。

（久保　慎也）

2章

必ずうまくいく
学級開きの
アイデア

「出会いの演出」
のアイデア

1 黒板に歓迎メッセージをつくる

　中学3年生ともなれば，教えてもらっている教師たちの筆跡を生徒たちも覚えているものです。黒板のメッセージの筆跡で誰が担任かがわかってしまうので，担任発表まで知らせたくないのであれば，全学級同じ教師が書くという方法もあります。もちろん文章の内容は担任の思いが詰まったものにしましょう。

　中学3年生は，大人の考え方や見方ができるようになってきます。ですから，メッセージも1年生，2年生で学んできたことを3年生としてどう学校生活の中で生かしていくのかなど，最高学年を意識させた内容にしたいです。伝え方も，人生の先輩として大人の仲間入りをした後輩に伝えるような書き方をするなどの工夫で，生徒自身にも最高学年になったんだという自負心をもたせることができると思います。

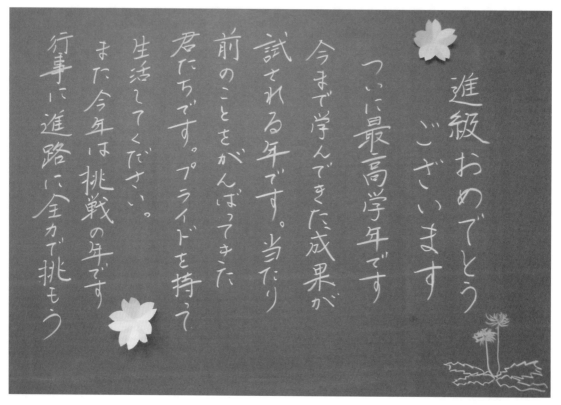

❷ 構成的グループエンカウンターやゲームでクラスの緊張をほぐす

　3年生になり，2年生のときよりも知り合いが増えるので，学級にもなじみやすいと思います。その反面，固定メンバーのグループでのみ話をし，新たな仲間をつくろうとしない場合もあります。そうしたことを避けるには，構成的グループエンカウンターやゲームを取り入れた学級開きを行うとよいでしょう。

　おすすめは，ひたすら学級の仲間とじゃんけんをして勝った数を競うゲームや，会話をせずにジェスチャーだけで誕生日順に並ぶ「バースデーチェーン」などいろいろあります。

❸ 3年生としての意識を高める教室トークをする

　3年間持ち上がりであれば，生徒との付き合いも3年目になります。自己紹介はクイズ形式で早々に切り上げてもよいと思います。それよりもこの1年をどう過ごしていくのか，何を目標にがんばってほしいのか，進路のことを踏まえながら担任の思いをしっかり伝えたいものです。

　中には進路に不安を抱いている生徒や，全く考えていない生徒もいます。そうした生徒たちに1つの方向性を示すためにも，この1年の過ごし方や物事の考え方について話したり，問いかけたりするとよいでしょう。

　一通り話した後に，3年生としての決意を文章で書かせたり，漢字1文字で書かせたりするとなおよいです。

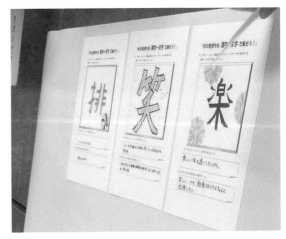

（時田　学）

「自己紹介」
のアイデア

❶ 最初はアイスブレイクで話しやすい雰囲気をつくる

　3年生では知った顔も多いため，新たな仲間をつくらなくても何とかなってしまいます。しかし，人間関係を広め，お互いを知り，理解し合うことはとても大切です。

　じゃんけんを使った新たな仲間づくりは効果的です。最初は今まで話したことのない同性の人とじゃんけんし，負けた人から順に名前と何の部活動に所属しているかを話します。5人とじゃんけんし，自己紹介が終わったら，今度は異性5人とじゃんけんをするというように工夫するとよいでしょう。

　じゃんけん以外にも，言葉を用いずに誕生日順に並ぶ「バースデーチェーン」もおすすめです。同じ誕生月や近い誕生月の生徒で集まって自己紹介するのも親近感が湧き，話しやすいと思います。

❷ 全員一斉の自己紹介はしない

　3年生にもなれば，班の司会役としても十分成長していると思います。班活動の中で自己紹介していくのもよいでしょう。「サイコロトーク」では，出た目のお題に沿って自己紹介していきます。その他にも，班内でペアをつくり他己紹介を行う方法もあります。聞き出した内容を4人班の中で紹介し合うとよいでしょう。

　また，自己紹介カードを用いて掲示する方法もあります。その際は内容を吟味して作成しましょう。文章や装飾をていねいにつくらせることが大切です。ここでいい加減なものをつくらせると，この先1年間，何につけてもいい加減なものしか提出しなくなります。

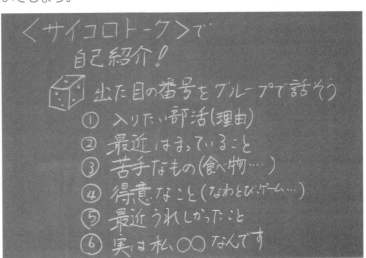

❸ ゲームを用いて自己紹介する

　ある程度お互いのことがわかってきたら，ゲームを用いて自己紹介をするのも面白いです。「私は誰でしょう」というゲームは趣味，特技，最近の失敗談，うれしかったことなどを事前にプリントに書かせて，それをクイズにして，みんなでその人物が誰かを当てるゲームです。

このゲームのいいところは，4人ぐらいの班でもクラス全体でも取り組めることです。仲のいい友達の知らない一面や，あまり話したことのない人の意外な一面を知ることができるので結構盛り上がります。質問内容については十分に配慮しましょう。

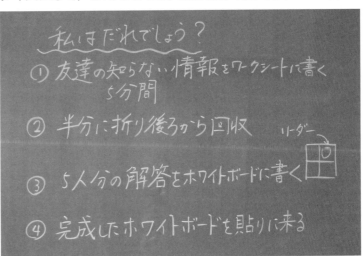

（時田　　学）

「学級目標づくり」のアイデア

💬1 マンダラチャートでイメージを明確にする

　卒業に向けて自主・自律の精神を高めさせたい１年。担任が一つひとつ指示を出さなくても，生徒それぞれが自ら状況を判断し，時には仲間と声をかけ合いながら，集団としてまとまりのある学級を目指しましょう。学級目標づくりでも，生徒が主体となって考えをまとめ，全員の手で目標をつくりあげたいものです。

　マンダラチャートは，Ｂ４の紙を用意し，下の写真のように９分割します。４人班になって，真ん中を開けた８つの枠に学級で大切にしたいことをキーワードにして書き込み，目標の柱を考えさせます。班のマンダラができあがったら，黒板や教室に貼ってそれぞれの考えをじっくり見せ合いましょう。学級全員がお互いの思いを知り，納得した目標にすることが大切です。

　最後は，キーワードから考えた目標を真ん中の枠に書き込みます。目標が決まった後も，チャートを見えるところに掲示しておくとよいでしょう。

❷ 唯一無二，ユーモアあふれる目標にする

中学校最後の１年に相応しい，どこの学級とも被らない，学級の色が出る目標にしたいです。

私が以前に担任した学級は，

・一人ひとりがよい味を出せる学級

・いろいろな味がある学級

という思いから，「ちゃんこ鍋」という目標になりました。印象的で覚えやすいことも，学級目標の大切なポイントです。生徒も愛着がわきますし，担任も，今後の生活指導や行事に向けての取り組みで，学級目標の言葉を使いながら，生徒のモチベーションを高めていくことができます。

❸ 明るく，楽しい気持ちになる目標にする

３年生の生徒たちは，進路に向けた意識も高まり，自然と緊張感をもって学校生活を送るようになります。しかし，最初から，担任が「３年生＝受験」という印象を与えすぎるのは危険

です。中には必要以上にプレッシャーを感じてしまう生徒がいるからです。明るく，楽しく，最後の中学校生活や行事に取り組むゆとりも必要です。

こういった願いを学級目標に込め，見るとほっとした気持ちになれる学級目標にしてみてはどうでしょうか。担任の思いを事前に伝えておくのもいいですね。

（松岡　美幸）

「学級通信」
のアイデア

1 人生に役立つ「言葉のプレゼント」をする

　中学校3年生の4月は，進路選択に向けて意欲に燃える一方，初めての受験に不安を感じている生徒も少なくありません。

　間もなくやってくる進路選択や，受験に向けたアドバイスも大切ですが，義務教育最終学年にあたって，卒業後も大切にしてほしい言葉を，担任から生徒にプレゼントしてはどうでしょうか。有名な詩や，格言などを1号につき1言ずつ，コメントを添えて紹介していきます。生徒が気に入った言葉や，共感した言葉は，卒業後も心に残ることでしょう。

"人を思う気持ち"を大切に～先人の言葉から～

> 優しい言葉は，
>
> 短くて簡単なものであっても，
>
> ずっとずっと心にこだまする
>
> ～マザー・テレサ～

　この言葉は、インドで貧しい人々の救済に人生を捧げたマザー・テレサの言葉です。言葉は目には見えないものですが、人を包み込むような言葉は、人を幸せにし、逆に突き放すような言葉は、人を悲しませるものになってしまいます。普段は何気なく使っている言葉ですが、こうしたところに気持ちを働かせることができるって素晴らしいことです。

　こうした優しい思いをもって毎日を過ごしていけば、学級は温かいものになりますね。どんな人にも心を働かせることができる学級ができあがります。

　担任の思いでもあります。優しい学級を実現させましょう！

---

❷ 気になる話題を提供する

　中学3年生になると，受験に向けてニュースや新聞などで，時事問題をチェックする生徒も増えてきます。早い時期から自主的に行う生徒もいますが，なかなか興味をもてない生徒にも，最近のニュースや話題について意識をもたせたいです。そこで，担任が独自の目線で気になったニュースや話題について学級通信で生徒に紹介するのもよい方法です。

　学級の様子や学校行事に合ったタイムリーな記事を紹介すると，生徒は興味をもって読むことでしょう。

❸ 感想や思いを仲間と共有する

　年度当初には，1年の目標を立てたり，行事の感想を書いたり，学級で様々な活動を行うと思います。そこで，生徒の感想や思いを学級通信にのせて紹介していきます。

　学級の友達の感想を読むことで，「このようなことを考えているんだ」「この考え方はすごいな」とお互いの意見に共感したり，新たな考え方を知り，他者理解を深めたりすることができます。また，保護者も，学校での活動の様子や生徒の思いを知ることができ，安心感にもつながります。

　昨日の道徳では「正しさ」をテーマに、メジャーリーグの球審を務めるジョイスさんの生き方から、過ちを犯してしまった時、人間としてどう在ることがよりよいのかを考えました。仲間の振り返りを紹介します。

　私は自分の過ちを謝れなかったことがあります。私は、その時怖くて何も言えなくて、ずっと黙っていました。心の中では「謝るべきよね」と思っていたけど、勇気がでず、何もできませんでした。やっぱり後悔しました。今でも心に残っています。やっぱり自分が悪いことをしたら謝らなければならないし、潔く謝っておけば、後悔が残らなかったのになと思います。だからこそ、その失敗から私は、自分が悪かったらすぐに謝るように心がけています。

　この振り返りを見て、私は心が震えました。道徳科における学びを真摯に受け止め、自分の事として考えているからです。
　私は、道徳科の時間を創る際に、少しでも1組の仲間と私とで「人間としてのよりよい生き方とは何か」「人間的な魅力とは何か」を自分の事として考えられるようにと工夫しているつもりです。だからこそ、この振り返りは心が震えました。

（松岡　美幸）

「仲間づくり・集団づくり」
のアイデア

1 男女混合人間知恵の輪をする

　4月当初のレクリエーションを，男女混合で行ってみてはいかがでしょうか。ここで紹介するのは「人間知恵の輪」です。男女混合の班をつくり，一人ひとりが仲間と手をつなぎます。隣同士ではなく，なるべく離れた人と手をつなぎ，全ての人の手がつながるようにします。また，手をつなぐときは，「右手」と「左手」をつなげるルールにします。そして複雑にからまった手を，手をつないだまま，ほどいていきます。全部がほどけると1つの輪になります。からまった手をほどくためには，声をかけ合い，互いに協力して体を動かし合わなければ，うまくいきません。夢中になると生徒からは，「あともう少しだ」「ちょっと無理，もう1回戻して」などと，自然に声が出てきます。1つの輪ができたときには，ちょっとした達成感とともに，集団としての仲間意識も深まります。

2 修学旅行のプレゼン発表会で心を1つにする

　修学旅行は，中学校生活において生徒が一番楽しみにしている行事であり，誰もが関心をもっています。

　そこで，4月当初に学級別行動の行き先を決める「プレゼン発表会」を右の手順で行ってみましょう。

　このような活動をすることで，間近にせまった修学旅行への期待感が高まるとともに，修学旅行を楽しみたいという共通の目的意識が学級集団をよりよいものにします。

> 1．行き先（例：東京）の人気スポットを6〜8つ提示
>   （池袋，月島，上野，お台場，浅草，両国など）
> 2．一番興味がある「人気スポット」の机に生徒は自由に移動
>   （机上にガイドブックや資料を用意）
>   ※　担任は適切な人数になるように調整する
> 3．ガイドブックや資料をもとに班で話し合い，プレゼン準備
>   （おすすめポイントなどの紹介の仕方を考える）
> 4．プロジェクターで班ごとにプレゼンをする
> 5．全体交流をする

3 修学旅行の学級別行動パンフレットをつくる

　学級別行動の計画が決定した後，班ごとにパンフレットづくりをします。それぞれの班ごとにPCでパンフレットをつくり，できあがったパンフレットをプロジェクターでプレゼンします。できあがったパンフレットの中から，学級のパンフレットをみんなで選びます。

　楽しみにしている修学旅行のパンフレットです。どの生徒もどれがよいだろうと，目を輝かせながら，プレゼンを聞くことができます。

　また，選ばれなかったプレゼンの作品は教室掲示に活用します。そうした活動を通して，修学旅行に向けて気持ちを高めていきましょう。班から学級へ，学級から学年へと，よりよい集団になっていくことが期待できます。

4 巨大カルタをつくる

　中学3年生にもなると，生徒たちはカルタなどの昔遊びをすることはほとんどありません。だからこそ，新鮮な気持ちでカルタづくりを楽しむことができます。

　ここで紹介するのは「巨大カルタづくり」です。カルタのデザインについては，みんなが楽しめる内容のものであれば，自由なものでよく，指定する必要はありません。普通のものより個性的なカルタの方が学級は盛り上がります。工夫をこらしたデザイン，内容になるよう担任として上手に声をかけていきたいものです。

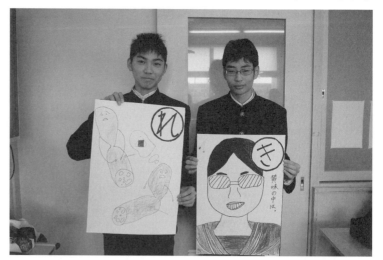

　カルタが完成したら，できあがったものを展示し鑑賞しましょう。

5 巨大カルタで盛り上がる

　完成した巨大カルタを使って「巨大カルタ大会」を開催してみてはどうでしょうか。体育館などの広い場所で行えば，盛り上がること間違いなしです。

　まずは，フロアにカルタを並べ，ステージ上に待機します。教師がカルタを読み始める合図とともに，一斉にステージを降りフロアのカルタめがけてカルタの取り合いをします。広いスペースがあるので，人との衝突や怪我も起こりにくいです。

　学期はじめに学級みんなで行うことで，その学級だけの特別の思い出になります。また，楽しい時間をみんなで過ごす中で学級の雰囲気が親密になることが期待できます。

（三品　慶祐）

生徒指導コラム

エネルギーをどこに向けるのか

先輩が卒業し，最上級生となった４月

　先輩が卒業し，新たに最上級生となった３年生。最上級生としての自覚が芽生え，後輩の手本となる姿を見せようと，どんなことにも意欲的に活動し，学校全体を引っ張ってくれます。

　去年の３年生のようになりたい，追い越したい，という情熱が，新３年生の成長を加速させていきます。

　しかし，「僕たちがやる」「私たちの手で」という意欲が強ければ強いだけ，それが行きすぎて，時にはわがままとなるときがあります。思い通りに進まないことがあると，反発が教師に向いてくることもあります。また，何でも自分の思いのままになるという考え方に陥ることもあるので，生徒の意欲や主体性を大切にしながらも，要所はあくまで教師がコントロールしていくことを忘れてはいけません。どんなに成長したと思える３年生でも，必ず先生方の支えがあって成り立ってきたということを教える必要があります。

　最上級生となり，やる気に満ち溢れたエネルギーを，よい方向に発散していく道筋を立ててやるのも，教師の仕事なのです。

部活動引退の先に・７月

　部活動に燃えてきた２年間。部活動に情熱を注いできたからこそ，どのような形で引退するかがとても大切になってきます。「やりきった」と満足感いっぱいで終わるのか，「もっとこうすればよかった」という後悔の気持ちで終わるのか，部活動の顧問としては，どんな終わり方であっても，これからの人生に生かし，前向きに歩んでいってほしいと願うところです。

　部活動に注いできた情熱を，そのまま２学期以降の学校行事や受験勉強にスライドさせることができる生徒もいます。しかし，燃え尽き症候群のように，部活動が終わったら，何にも手がつかないような状況に陥る生徒や，学校生活自体に価値を見出せなくなり，無気力になってしまう生徒が見られます。

　部活動への情熱もそれぞれで，引退の仕方もそれぞれならば，その後の一人ひとりの気持ちの方向性も，それぞれなのです。大切なことは，一人ひとりの気持ちに寄り添い，次のステップへ自分の力で踏み出そうとする気持ちにさせるアプローチをしていくことです。時間が解決

することもあれば，時には話をしたり，聞いたりしながら共に前に進んでいく姿勢を示すことで，救われる生徒もいることでしょう。

進路からの脱線・9月

受験に向かっていく2学期。一人ひとりが志望校に向かって突き進んでいく時期に，そのレールから脱線してしまう生徒が見られます。部活動引退が1つのきっかけになる場合もあります。**目標をもてず，高校への希望をもてず，まわりの生徒との温度差に，さらに無気力になっていく生徒がいます。**

また，3年生になり，志望校合格に向けて一生懸命受験勉強を進めてきた生徒の中には，**内申点や定期テストの点数を過度に意識しながら学校生活を送ってきたために，この時期にストレスが爆発してしまう**，といったケースもあります。

そんな生徒に，どのようなアプローチで手を差しのべるかが大切です。部活動で後輩への指導に当たらせたり，文化祭などの学校行事で活躍の場を与えたり，それぞれの生徒にあわせたアプローチを考えてみるとよいでしょう。

SNSの恐怖

SNSの普及により，いつでもだれとでもつながることが可能となった現代では，LINEや通信型のインターネットゲームなど，様々なところで世界中の人と24時間つながることができます。

中学3年生という時期は，学校生活や受験勉強など，様々なところで大きなストレスを感じやすい時期です。そんなときに，現実から逃避でき，利害関係のない第三者と簡単につながることができることは，ストレス解消に大きな役割を果たしているようです。

保護者の管理が行き届いていればよいのですが，そうでない場合，夜遅くまでゲームや通信をし続けていたり，課金をして大きな金額を支払うことになってしまったり，通信アプリで出会い，連絡をとり合うようになった相手とトラブルになったりするケースも現実にあり得るのです。

教師が管理できない範囲もありますが，**生徒の学校での様子に変化が見られたときには，上記のことも疑い，即座に聞き取りと保護者との連携をしていく必要があります。大きな事件に発展する前に，生徒の様子を毎日見ている教師だからこそ防止できることがあると認識しておきましょう。**

（田中友二郎）

3章

年度はじめの
環境・
システムづくり

「教室環境」づくり

1 クリアファイルですっきりと

　3年生になると進路への関心が高まり，進路関係の掲示物の量もぐっと増えます。そこで，背面掲示の広いスペースにクリアファイルを並べ，上級学校のパンフレットを学校ごとに整理して入れておくのはどうでしょうか。

　生徒の多くは，進路選択が迫られる中，不安な状態でいます。また，よく考えずに「どこか入れる学校に…」という姿勢でいる生徒も少なくありません。そこで，クリアファイルには，過去の卒業生がこれまで多く受験した学校を中心に掲示します。先輩たちが多く受験したのにはちゃんと理由があるからです。クリアファイルは表紙が見えて，手にとりやすいというところがポイントです。掲示物のことを生徒に伝えれば，放課後にパンフレットを手にとって見たり，詳しい情報を教師に聞いたり，インターネットで調べたりすることでしょう。学校見学を申し込むきっかけづくりにはぴったりと言えます。

　クリアファイルは，進路に関するものだけではなく，月予定表，通信，その他連絡など，継続して発行されるものの掲示に大変有効です。

❷ 教卓を整え，手本となる

　教室環境づくりというと，掲示物やロッカー，机などの生徒関連のことばかりが浮かびますが，教卓を忘れてはいけません。環境の大切さや整理整頓のよさをいくら語ったところで，教卓や教師用の事務机が整理されていなければ，「先生は私たちには言うけれど…」と生徒は見すかすものです。

　デスクマットを敷き，そこに係や委員会のわかるもの，月予定，名簿など，担任がすぐに確認したいものを置いておくのはどうでしょうか。生徒手帳やボタンなどの価格表を入れておくのも，生徒から質問されたときに即答できて意外と便利です。

　また，机の上には基本的には何も置かない方がすっきりしてよいですが，時には花瓶に花を飾るくらいの心の余裕がほしいものです。「この花きれいですね」と声をかけてくる生徒がいて，何だか気持ちがほっとします。

❸ 時には教師の手で掲示物をつくる

　教室環境は，できる限り生徒の手でつくらせたいものです。大切なことを見える化したり，所属感を高めたり，気持ちを盛り上げたり，生徒たちはよく創意工夫をします。けれども，それには準備や作成にかける時間的な余裕が必要になります。

　しかし，時間的な余裕がない場合も少なくありません。3年生だから自分たちで，と無理に生徒につくらせるのではなく，時には教師自身が掲示物をつくるのもよいものです。例えば年度はじめのばたばたした中で修学旅行準備の活動が始まります。右のように目的や日程などを簡潔にまとめて掲示するだけでイメージが深まり，気持ちが高まります。些細なことですが，担任の思いを感じてがんばってくれるものです。

（芝田　俊彦）

「給食」
のシステムづくり

❶ スペシャルシートを設置する

　３年生では，進路面談が個別に必要になったり，短い休憩時間にも学習をしたりするなど，これまで以上にタイトなスケジュールになることが多いと思います。そこで，一人ひとりとの時間を確保するアイデアです。

　ここでいうスペシャルシートとは，教師と１対１で食べるという座席のことです。写真のように座席を配置することで，込み入った話でなければ，進路面談のような話をすることもできます。これならば，改めて時間を確保することなく，給食という日常の場面を通して生徒の声に耳を傾けることができます。あくまでも会食ですから，ただ単に面白く話をして終わっても，それはそれで価値があると思います。ただし，他の生徒への目配りは減ってしまうため，学級全体が落ちついて給食の時間を過ごせていることが前提です。３年生ともなれば，担任から意図を話せば理解してくれることでしょう。

② ゲストティーチャーを紹介して，楽しく会食する

　給食の時間には，担任だけではなく所属の先生などに一緒に給食指導に入っていただくことも多いと思います。生徒には，ゲストを迎え入れるというおもてなしの気持ちをもたせたいものです。

　そこで「いただきます」のあいさつの前に簡単に，その先生の紹介をさせてはどうでしょうか。例えば「今週のゲストは○○先生です。みなさん知っていると思いますが，教科は○○，部活動は○○です。趣味は○○だそうです。よろしくお願いします」などと一言紹介するだけで，拍手が起こり，迎え入れるという雰囲気ができます。

　これは，何人もの先生から「会話が弾んだ」「よい取り組みである」という声を聞くことがありました。

③ 完食の意義を伝え，目指す

　給食が大好きでおかわりを積極的にしたがる生徒がいる一方，体重を気にしていたり，好き嫌いがあったりなどの理由で，給食を残したがる生徒がいるのも事実です。アレルギーをもつ生徒がいたり，給食が嫌いなために学校を嫌ってしまったりする生徒も中にはいるので，完食を強要するわけにはいきませんが，そのよさは伝えたいものです。

　例えば，食の「インスタ映え」についての話はどうでしょうか。SNS に画像をのせるために注文し，写真を撮影したら残してしまうという問題です。兵庫県西宮市の甲子園球場近くにある老舗が，規格外のボリュームを誇る「カツ丼大」の提供をやめることが話題にのぼりました。こういうタイムリーな話題を１つとりあげるだけでも，生徒の意識が変わるきっかけになります。

（芝田　俊彦）

「日直」
のシステムづくり

1 朝の欠席チェック＋その先を考えさせる

　朝の短学級の時間に，多くの場合，健康観察を兼ねて出欠を把握すると思います。担任が把握するのはもちろんですが，欠席者を背面黒板に明示するなどして，学級全体や教科担任にも誰が欠席なのかを知らせましょう。

　ここで終わらせず，先を読んで行動させるアイデアです。欠席を把握させたら，日直に「今日，欠席が出たことでクラス運営で困りそうなことはないか」を考えさせるのです。例えば，給食当番が1人減ってしまうこと，トイレ掃除が1人になってしまうこと，教科連絡を聞く人がいないことなどが考えられます。そこで，日直が給食当番の代理や掃除場所の交代などを学級に提案します。一人ひとりのことや，学級の1日の流れを考えることで，先を読む力が少しずつ鍛えられていきます。

② "今日の一句" で1日を振り返る

1日の終わりに，一句を詠んで締めくくるというアイデアです。ただ振り返りをさせるだけでもよいのですが，五・七・五という制限を加えることに面白みがあります。

意外な一句が詠まれると，教室にどよめきや笑いが起こり，ただの振り返りよりも印象に残るものです。また，日直日誌にそれを記録しておくのもよいでしょう。

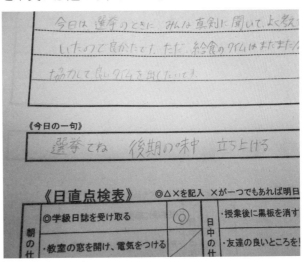

「真剣に　自分の進路　考えた」
「3年生　最初のテスト　がんばった」
「テストでも　因数分解　できるかな」
「寒いので　早く帰って　温まろう」

など，生徒の気持ちが素直に表れ，後から見返しても，ほほえましいものです。

③ 教室の最後の整頓を担任と日直で行う

1日の終わりには，机の整頓をはじめ，教室環境全般をきちんと整えたいものです。施錠まで含めて日直の仕事にするアイデアです。

短学級終了後の短時間ですが，日直に活動をさせます。その際，担任も一緒に机の整頓などをします。手伝いに喜びを感じたり，コミュニケーションをとったりすることもできます。

わざわざ相談に行くほどではないけれど，進路について迷っていることや，学級の困りごとといった話を聞くこともありました。おおごとになる前に話を聞き，受け止めることで，その後の展開にも大きな差が出ます。もちろん，ただの談笑で終わっても問題ありません。

（芝田　俊彦）

「掃除」
のシステムづくり

　ワールドカップの試合後に日本のサポーターが自らゴミ拾いをした話や，東京ディズニーリゾートの清掃員による「カストーディアル」と呼ばれるパフォーマンスなど，掃除が脚光を浴びる話はたくさんあります。こんな話を１つするだけで，生徒の掃除に対する意欲は変化するのではないでしょうか。

　そこで，職業を強く意識し始める３年生にうってつけの「新幹線の掃除」の話をとりあげることをおすすめします。客が降車すると，100近くある座席の掃除を１人が担当します。車両の中を駆け抜けながら，座席の下や前にあるゴミを集めたり，テーブルを拭いたりします。どんなに汚れていても７分間で完了させ，次の客を迎えます。テレビやインターネット上の動画でも掃除の様子やインタビューを見ることができます。神業とも呼ばれるこの仕事に，生徒は圧倒され，掃除に対するモチベーションを高めます。

❷ 掃除に人格が表れることを心得る

　3年生の担任をしていると，高校や専門学校の先生が中学校にあいさつに来られます。その際に，卒業生の名前をあげながら「中学校時代の掃除の取り組みはどうでしたか？」と聞かれたことがあります。掃除の取り組みにその生徒の人格が表れるとのことです。

　汚れている部分がないのかを考え，隅まで丁寧に取り組んだり，時間を見てペース配分をして取り組んだりすることができる生徒の多くは，学習に対しても同様の力があるように思います。スポーツの世界でも，一流の選手は試合中やコート内ではもちろん，コートの外でも道具を大切に扱い，コート整備にも決して手を抜きません。そんな誰からも信頼されるような人を目指し，掃除を通して精神を鍛えたいものです。

❸ 掃除に主体的に取り組む生徒を目指す

　毎日清掃の時間があることが望ましいですが，日課の関係で清掃ができない日もあります。また，毎日掃除をしていても，昇降口や中央階段など，多くの生徒が使う場所が汚れていることはあると思います。そんなときには，放課などのちょっとしたすき間の時間に教師自らが掃除をするのはどうでしょうか。その姿を見て，自らほうきを手にするような生徒が現れるのを期待したいところです。

　もちろん，そのような生徒が現れたときにはすかさずほめ，その価値を集団に広げます。また，他の教師や生徒も自主的に掃除をしている生徒を見ているものです。学級で担任にほめられるだけではなく，見かけた教師の多くは「自主的に掃除をしているのだね。えらいね」などとほめることでしょう。学校全体にその雰囲気を広げたいものです。

（芝田　俊彦）

「座席・席替え」
のシステムづくり

1 班に1人リーダーを配置する

　席替えで大切にしたいことは，どの班でも対話的な学びが生まれやすいようにすることです。全員が関わろうとする姿勢が大切なのは言うまでもありませんが，口火を切ったり，雰囲気を盛り上げたりするリーダーが班に1人入るように意識するだけで，それぞれの話し合いが円滑に進むようになります。生徒の自主性を高めることも1つのねらいなので，立候補を募ります。しかし，班の数だけのリーダーはなかなか揃いません。

　そこで，学級運営の中心的なメンバーに他の候補を推薦させます。3年生のリーダーともなれば，級友の様子をよくつかんでいるものです。学力の高い生徒や誰とでもコミュニケーションがとれる生徒がピックアップされます。また，推薦された生徒も，リーダーに認められるのですから，悪い気はしません。照れながらも，班の仲間を気にかけながら声をかけたり，話を振ったりするなど，何とか班活動をよくしようと尽力します。そんな姿が見られたときには，教師は大いにほめたいものです。

２ リーダーを配置したら，思い切ってくじびきにする

　１のように，全ての班にリーダーを配置したら，そのリーダーを信じて，他の生徒の座席は
くじびきで決めるのもよいでしょう。平等であることは１つの正義であり，生徒も納得しやす
いものです。もちろん，くじを引いた後に交換をするなどの不正は絶対に起こらないように教
師は目をこらします。くじびきの進行にリーダーを任命するなど，生徒に不正を起こさせない
ような意識をもたせるのもよいです。
すると，教師は手が空き，クラス全
体へ目を行き届かせやすくなります。

　しかし，実際に活動していると不
具合が起こることもあります。その
際には，リーダーのがんばりを認め
ながらその声に耳を傾け，生徒の賛
同を得ながら，部分的にメンバーを
入れ替えるなどの方法をとります。

３ 信頼あるリーダーに任せる

　思い切って，席替えを級長などのみんなが信頼をよせるリーダーに任せてしまうという方法
もあります。誰かが代表で仮の案をつくり，それを学級運営の中心である４人で検討します。

教師が授業をするプロならば，生徒
は授業を受けるプロです。各教科に
おける級友の様子や班内の関係性を
イメージしながら，全ての班が主体
的に活動できるかを考えて意見しま
す。最後に担任が承認し，学級に下
ろします。

　考えたリーダーを認めながら，も
しも不満があがったときは担任が責
任をもって対応することで，さらに
信頼関係を強くすることができます。

（芝田　俊彦）

「朝・帰りの会」
のシステムづくり

❶ スピーチを取り入れる

　スピーチを取り入れる目的は，お互いを知り親睦を深めるきっかけをつくること，面接などの様々な場面に向けて，発信する力や話を組み立てる力をつけさせることです。声量や話す速さ，間のとり方，視線や内容構成，話の面白さなど，どのようなことに気をつけるとよいスピーチになるのか，なるべく具体的に伝えます。よかったところを生徒に言わせたり，担任が価値づけたりすることで，その質は少しずつ高まっていきます。

　マンネリ防止策の1つは，テーマ設定です。国語の授業とは違うので，多少くだけたテーマでもよいでしょう。また，そのテーマの決め方も生徒から募集して，それをカードに書いてランダムで決めたり，サイコロをふっていくつかのテーマから決めたりするのも面白いです。形式にとらわれるのではなく，テーマやその決め方にもエンターテイメント性を入れることで，学級の雰囲気は温かくなります。

② 時間があるときは，対話をさせるチャンス

　連絡事項が少なかったり，早くメニューが済んだりして少し時間的にゆとりができたときは，休憩をさせるのもよいですが，対話をさせるチャンスでもあります。

　今日のできごとやスピーチについて周囲の生徒と対話させます。もちろん，誰とも話をして

いない，いわゆる「ひとりぼっち」がいないかどうかに目を配ります。また，ただの意見交流にならないように「具体的には？」「なんでそう思うの？」「例えばどんなこと？」など，様々な答え方ができるような質問をさせるとよいでしょう。このように質問をすることや，とっさにされた質問に答えるという日頃からの訓練によって，対話力が鍛えられます。時期によっては，ミニ面接練習を行うのも効果的です。

③ 翌朝の大事な予定を黒板に書いておく

　帰りの会では，生徒が司会進行をし，翌日の連絡をしたりメモをとったりしています。年度はじめでは，教師が机間指導をして，しっかり聞いているか，記録しているかを把握する必要がありますが，定着してしまえば教師の手は空きます。

　そこで，集会や定期テスト，小テストなどの翌日の予定を簡単に黒板に書いてしまうというアイデアです。

　もちろんテストの予定などは事前にわかっていることですが，実際に黒板に書いておくことで，生徒に実感がわきます。また，朝は欠席連絡を受けたり，職員と打ち合わせをしたり，バタバタすることもありますが，教師が少し先を見て，前日に黒板に指示を書いておけば，時間に少しゆとりが生まれ，生徒も安心して行動できます。

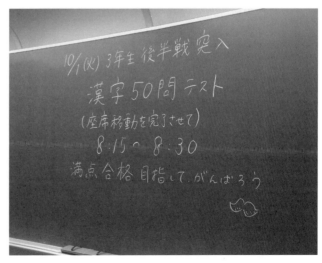

4 座禅で静寂を味わう

　静寂のよさを味わい，心を落ちつけるためのアイデアです。椅子に座ったまま黙想をするというのもよいですが，時には，写真のように机や椅子を移動させて，本格的に行うのもよいのではないでしょうか。

　掃除や合唱練習など，学校生活には机・椅子を動かす機会がよくあります。その際に，日頃から時間を意識して行動させることで，生徒はこれくらいの作業は苦に感じなくなります。

　1分間，床に座り，目を閉じていると，普段は気にもとめないような小さな音に気づいたり，静まりかえる空間の心地よさを感じたりします。本来の座禅は心を無にするために行うものですが，例えば行事や学習に向かう姿勢を，個人で静かに振り返らせることもよいでしょう。短い時間ですが，自分と対話させることで，心を落ちつけることができます。

5 スキマ時間でクイズを出題する

　朝の会・帰りの会をスムーズに行い，ゆとりの時間が生まれたときには，前述したように意外といろいろなことができるものです。クイズを出題するというのも，誰もが参加できて面白いものです。

　例えば，修学旅行の前には，集合時刻や研修場所に関する知識のクイズをすることで，しおりを読み込ませたり，事前学習をさせたりします。テストの前には「テストで答えになりそうな単語」を次々に言わせて，それが答えになるような問題をつくらせるということもできます。「ノーマライゼーションってどういう意味だっけ？」などと言いながら，調べ始める生徒も現れます。

　もちろん，時期を問わず，国旗と国名クイズなどで教養を深めるのも一興です。

（芝田　俊彦）

生徒指導コラム

担任のたった一言が生徒を救う

ふとしたきっかけで声をかける

　1年生から引き続き受け持った2年生。他の学級で，弁護士を入れるほどのもめごとが起きました。はじめは，女子生徒同士にありがちなトラブルと考えられていましたが，実は，小学校時代から，家族ぐるみでの犬猿の仲を引きずっていたのです。本来ならクラスを分けるべきなのですが，仲違いしたのが小学5年生だったこと，中学校に入学してからはトラブルがなかったことで，同じクラスになっていました。

　Aさんは，5年生のときにクラスで女子グループにいじめられていると両親に訴え，我が子の言い分をそのまま信じた両親が，担任ばかりでなく，名指しされた子どもたちやその保護者をも強く非難しました。しかし，担任やまわりの子どもたちの話では，Aさん自身の言動にも少なからず問題があったそうです。これは，小学校に問い合わせてわかりました。

　「そのときのメンバーが中学校でも娘をいじめている」と激高した両親が，弁護士同伴で学校や教育委員会に出向くようになりました。登下校の送り迎えをしたり，いつでも親に連絡できるよう携帯電話を所持させたり，我が子を守ろうと必死だったのだと思います。しかし，そうしたことで，**Aさんがさらにまわりから敬遠されるという悪循環**を生み出していました。

　その頃，たまたまAさんが1人で廊下にいるところに通りかかりました。寂しそうな様子に，思わず「なんだか元気がないけれど，どうしたの？」と声をかけたのですが，Aさんは，「なんでもないです」と答えて，手洗いに入っていきました。

　当時，**両親しか味方がいないと思い込んでいたAさんは，私にかけられた言葉がとても嬉しかった**そうです。後日，校長室に来ていた母親と廊下で立ち話をしたのですが，そのときに「娘に声をかけてくれたそうですね」と言われたので，**「私も母親なので。自分の子が元気のないときに，先生が少しでも気にしてくれたら，親は安心ですよね」**と返しました。すると，今までのいろいろな出来事やご自分の思いを，堰を切ったように話してくれました。

　その後も，何回か学校や保護者間で話し合いがもたれました。3年生の学級編成にできる限りの配慮をしたことと，A家の強い希望と校長の判断で私がAさんの担任を受け持ったことで，本人やご両親の気持ちも落ちついたようです。Aさんは，学校外で出会ったときにも，大声で「先生！」と母親とともに笑顔で話しかけてくるくらい明るくなりました。心を開いてもらえたのは，偶然がきっかけとはいえ，**こちらから気遣う一言を投げかけたからだ**と思います。

担任としてこちらから声をかける

　次年度も引き続き新3年生の担任をすることになりました。1年生のときから授業を受け持っていましたが，それ以外はあまりわからない学年です。さっそく，担任する生徒たちの要録や個票を読んでみたところ，女子生徒Bさんに気になる点がありました。Bさんは，2年生のときに運動部から文化部へ転部していたのです。ほとんどの中学校がそうだと思いますが，**退部や転部は気軽にできることではありません。**病気や怪我等の身体的な理由以外では，**人間関係がその原因となることが多いでしょう。**

　その学年を担任していた先生方にBさんの転部理由を聞いたところ，部が2つのグループに分かれていて，グループ同士の諍いがあったそうです。その際，Bさんはどちらのグループにもいい顔をしていて，言うならばコウモリのような立場にいました。その結果，仲直りした両方のグループ全員から裏切り者認定されてしまいます。**集団対1人という図式を見れば，いじめとも捉えられる状況です。**しかし，まわりの生徒たちの言い分を聞いた部活の顧問や担任，学年主任は，Bさんの言動にも問題があったというスタンスで話し合いを重ねました。それがBさんの保護者の強い学校不信に繋がってしまい，転部騒動以降，何かにつけて学校にクレームを入れるようになったそうです。

　私は担任として，「Bさんとは早期によい関係をつくる必要がある。こちらからアプローチしよう」と考えました。

　新学期が始まってまもなく，最後に教室を出ようとしていたBさんを呼び止めました。

「去年，部活を変えたんだね，大変だったね。今は，もう大丈夫なの？」

「どうしてですか」

「学級内のトラブルは，学年や学級が変わるとたいてい落ちつくけれど，部活のトラブルは年が変わっても続くことが多いから，ちょっと気になっているの。もし，まだ困っていることがあるなら，先生にも教えてね」

　そう話すと，Bさんの表情が目に見えて明るくなり，

「大丈夫です，ありがとうございます」

と返事をして帰っていきました。

　6月，修学旅行から帰ってきた生徒たちを保護者が学校に迎えに来ます。そのときにBさんの母親が私に近づいてきて声をかけられました。

「娘が，担任の先生が自分のことを心配してくれたと喜んでいます。私も，とても嬉しいです。よろしくお願いします」

　まわりの先生方は，「Bさんの保護者だ！　また何かクレームか!?」と身構えたそうです。

（玉置　潤子）

4章

春の行事指導の
ポイント＆
アイデア

「修学旅行」
指導のポイント＆アイデア

✔ アウトラインは教師がつくる

多くの場合，ホテルや新幹線，研修地の予約が必要なこともあり，学年主任を中心に1年以上前には教師が日程のアウトラインをつくります。安全面や金銭面などを含む様々な面を考慮しながら，決定したものを生徒に伝えます。その中で，班別研修などの生徒の主体性を大いに発揮できる場面を設定しておきます。

✔ 学年・学級・班を意識する

それぞれの単位で出来事を共有することは，今後の学年，学級経営に大きく関わります。班別で楽しみたいという気持ちを尊重しつつも，学年や学級で行動する価値も伝えたいものです。国会議事堂や警視庁，裁判所など個人の旅行ではなかなか行きづらい場所に行けるのも修学旅行の魅力の1つです。

✔ ルールを決めさせ，守らせる

学校としての方針など必要最低限のルールは，教師から下ろせばよいですが，服装や買い物などの幅をもたせられるルールに関しては，生徒に決めさせることで自治の精神が生まれます。自分たちでルールを決めさせて，それを守らせることは大きな成長につながります。

✔ 1人1役＆全員参加を目指す

ルールなどの全体的なことは実行委員を中心に進めていく必要がありますが，各班に班長を置き，それぞれの班に学習，保健，マナー，食事，カメラなどの必要な係を設定し，全員に役割を与えましょう。また，不登校傾向の生徒にとっても，登校するチャンスです。班の生徒に連絡をとらせたり，しおりを配付したりするなどの動きをしましょう。

✔ しおりで情報を家庭とも共有する

日程や服装，持ち物などは家庭でも話題にあがることでしょう。計画的に進め，ある程度のゆとりをもってしおりを製本し，家庭に持ち帰らせる時間をつくりましょう。教師が先を読み，計画的に進めることは，保護者からの信頼にもつながります。

「修学旅行」指導のアイデア

1 全体の流れを見える化して浸透させる

　修学旅行の「ねらい」と「全体の流れ」はなるべく早いうちに，学年で共有しておきたいことの１つです。集合場所はどこで，研修地にはどこにどういう順で行き，どこに宿泊するのかなどのアウトラインを学年集会で伝えましょう。

　その際に，一手間かけてスライドで"見える化"することをおすすめします。集合場所や研修地の写真を見ながら順に流れを追っていくことで，当日のイメージをもったり，意欲が高まったりすることが期待されます。

　また，スライドでつくったものはその場で見るだけではなく，プリントして掲示したり配付したりすることもできます。しおりの製本を待っていては遅くなってしまいます。いつでも見える状態にすることで流れを把握させましょう。

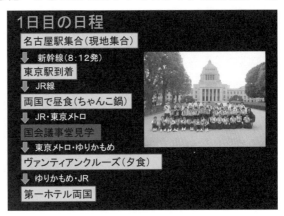

2 学年・学級の活動は，教師が願いを込めて語る

　予約などの準備のため，学年や学級での活動は，あらかじめ教師が多くを決めておく必要があります。しかし，生徒を受動的にしてしまわないように「なぜその研修地なのか」「何を学びに行くのか」を，教師が願いを込めて語る必要があります。

　例えば「私たちの学級は，江戸落語を聴きにいきます。私は３年１組を，みんながお互いに認め合える温かい学級にしたい。そのための大切な１つの要素がユーモア，笑いです。江戸落語を聴き，みんなで明るく笑って，江戸の文化を味わいましょう。また，落語家さんの生き方も学びたいですね」などと語ります。生徒は目を輝かせて，期待に胸を膨らませることでしょう。

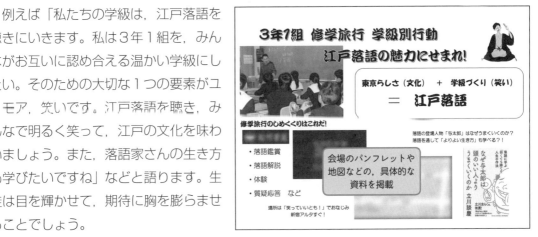

③ 班別研修にテーマをもたせる

　前ページ②で述べたように，学年・学級の活動は，教師主導で決定し，生徒に語ります。一方，班別活動では，計画段階から，生徒を主体的に活動させたいものです。

　行き先のマップや見所がわかるような冊子や，タブレットを配付して班ごとで考えさせましょう。しかし，その際にそれぞれの生徒が行きたい場所をただ羅列していくと，修学旅行にふさわしくない場所ばかりになったり，まとまらなかったりすることも考えられます。

　そこで，修学旅行全体のねらいを意識させながら，班別研修のテーマを設定させてみてはいかがでしょうか。「最先端の科学技術について学ぼう」などのテーマを１つ設定するだけで，ただのお楽しみではなく，学ぶという意識が向上するものです。

④ 班別研修をアウトプットさせ，イメージを深める

　生徒にテーマを設定させ，研修地を決めさせたら，その行程を全員にイメージさせたいものです。ただ誰かについて行けばよいという発想は捨てさせなければいけません。

　そこで，班ごとで一人ひとりに行程を説明させるのはどうでしょうか。路線図を見ながら，どの駅から何線に乗ってどの駅に行くのか，そこから徒歩何分なのか，具体的に話をさせます。そのイメージをもたせないと，駅についた瞬間に電車に乗ることになっていたり，徒歩の時間を考慮していなかったりと，実際にはありえない計画をしてしまう生徒も少なくありません。

　具体的に話をさせることで，自分たちでおかしなところに気づくようにしたり，教師の指摘で気づかせたりする必要があります。（芝田　俊彦）

「体育大会・運動会」
指導のポイント＆アイデア

「修学旅行」指導のポイント

✓教師として明確な目標と目標達成までのイメージをもつ

　生徒が体育大会の準備を始める前に，担任が，体育大会を通して生徒にどう成長してほしいのか，学級は？生徒一人ひとりは？というイメージをもちましょう。準備期間での姿，当日の姿，終わった後の姿などを具体的にイメージしておくといいでしょう。

✓学級としての明確な目標を決める

　担任の思いを生徒に伝え，学級の目標を明確に決めましょう。「優勝」など結果が目標になっていませんか？　体育大会が終わったときに振り返って，学級の成長を感じられる目標を具体的に決めましょう。

✓目標達成までの計画を生徒と共に立てる

　「来週までに〇〇をやります」「今日は〇〇をやります」などの計画を，生徒が進んで担任に伝えられる関係になっていますか？　生徒の計画と担任の思いを常に合わせながら，目標達成までの計画を立てていきましょう。

✓掲示物で教室に行事の雰囲気をつくる

　教室に入って，そのときに学級で力を入れていることがわかるように，教室掲示にアレンジを加えていきましょう。体育大会の目標，準備中に撮った素敵な1枚の写真，学級でつくった応援歌の歌詞など…。

✓生徒一人ひとりの思いをつなげる

　どんなときも生徒に思いを語らせましょう。思いを共有することで，生徒同士の心がつながっていくでしょう。体育大会後の短学活で，級長へ・応援団へ・学級のみんなへ…とたくさんの思いが自然にあふれたとき，担任としてとても幸せな時間になります。

✓自分の学級が一番だと伝える

　担任から「自分の学級が一番だ」と言われて嫌な生徒はいないと思います。生徒には自信のない子がたくさんいます。体育大会が終わったとき，必ず伝えましょう。「君たちが一番だ」と。

「体育大会・運動会」指導のアイデア

1 目標を見える化する

目標を考える際，「体育大会が終わったとき，学級はどんな姿になっていたいか」を最初に考えさせます。ゴールをイメージさせることで今の学級の課題が見えてきます。その次に，そのゴールを目指すために，学級でできるようになりたいことを目標として掲げます。「助け合う」「人任せにしない」「全力」など，誰でも，「できた」「できなかった」の振り返りができるように，具体的な目標を立てます。

下の写真にある言葉「メリハリをつける」「反応する」「壁にぶつかっても諦めない」は，生徒が思いを出し合う中で，ようやく３つに絞って決めた目標です。

「メリハリをつける」は，競技での勝ちが続くと，つい盛り上がってしまって，締まるべきときに締まることができない学級であることが理由として出されました。「反応する」は，応援団長の指示にしっかり反応する，団体競技では互いに声を出し合うなどの具体的場面が出されて決まりました。「壁にぶつかっても諦めない」は体育大会の当日の目標というよりは，当日までの目標として認められました。各競技で上位に入賞しようと各自で努力することも確認し合いました。

目標が決定したら，目標を見える化します。書道が得意な生徒に書いてもらったり，色画用紙を使ってひと味違う掲示物をつくったり，いつでも見て確認できるようにします。体育大会が終わっても教室に掲示しておくことで，学級の軌跡とすることもできます。例えば，学級で賞状をもらうことができたなら目標の横に並べて掲示しておくなど，アレンジはいくらでも加えることができます。

② 練習で輝いている生徒の写真を掲示する

生徒が練習をしているとき，先生方はどんなことをしていますか？　生徒の様子を見ながら，生徒の輝いている姿を写真に撮って残してみるのはいかがでしょうか。そして，その写真を掲示します。がんばっている仲間の姿を見て，「自分もこんな風にがんばってみようかな」と感じる生徒もいると思います。掲示する前に，自分のがんばっている姿の写真を選ばせたり，レイアウトを生徒に考えさせたりもできます。

掲示する写真は，体育大会が終わっても掲示できるようなものがいいでしょう。卒業時，その写真を使ってプレゼントアルバムをつくって渡すこともできます。

③ 学級オリジナルの応援歌をつくる

体育大会当日，控え席で生徒はどんな姿で学級の仲間を応援していますか。「がんばれー」と声をかけるのは，一人ひとりが声を出せばできることです。

しかし，せっかくの体育大会です。応援席での学級のつながりを深めさせたいものです。そ

のために，学級でオリジナルの応援歌をつくるのはどうでしょう。

「次はこの歌，歌うよー」「ここの部分，○○くんの名前に変えるよー」など，色んな声かけが出てくると，活気も高まります。控え席での姿も事前に考えさせておき，当日自然に仲間を応援できるとよいでしょう。

❹ サプライズで感謝の気持ちを伝え合う

　生徒は，体育大会までに準備をしてくれた人たちに，感謝の気持ちをもてていますか？

　生徒が気づかない場合は，担任が伝えていきます。どういう場面でどんな生徒が活躍してくれているのか具体的にわかって，「感謝の気持ちを何かで表したい…」と相談にきたら，一緒にサプライズの計画を考えましょう。

　かつて，「応援団に寄せ書きをしたいので，応援団を教室から出してほしいです」と言われたことがありました。

　私はさりげなく応援団を廊下に呼び出し，「最近練習どう？」などの会話で時間を潰しました。

　応援団が教室に戻ったとき，何もなかったかのように過ごす他の生徒の様子を見て，私は笑いをこらえるのに必死でした。

　体育大会後，応援団へ，応援団からみんなへ，みんなから級長へ，担任へ，色んなサプライズが見られたら，心あたたまる体育大会の締めくくりになります。

（宮内　祐未）

5章

年度はじめの
生徒指導・
学習指導の
ポイント

「生徒指導」のポイント

1 「教室の使い方（座席について）」の指導のポイント

　自分の進路を決めていく大切な１年間になります。座席を１年後の「面接試験」を想定して決めてみましょう。昨今，授業の中で班をつくり，話し合い活動が多く授業に組み込まれるようになりました。だからこそ，座席を決めるときは，コミュニケーションが活発に行われるように考えるべきだと思います。

　また，１・２年生のときと同様，始業式から３日間は，時間を守ることやロッカーの整理整頓などを細やかに指導し，ルールを徹底します。

　座席については，できれば隣が同性にならないように市松模様の配置がいいと思います。

　市松模様とは，右図や写真のような座席配置です。

　この座席は，縦横のどの向きでペアをつくっても，４人班になっても，学級全体でコの字の隊形になっても，必ず，前後左右は異性になります。

〈市松模様〉			
男子	女子	男子	女子
女子	男子	女子	男子

　この市松模様の配置にすると，男女の仲もよくなり，自然な関わりができ，人間関係も良好になります。すると，学級全体が温かい雰囲気になります。

　また，その中で気をつけてほしいのは，班をつくったときに話し合いが活発になるメンバーかどうかを考えて，座席の配列を設定することです。

② 「あいさつ・言葉遣い」の指導のポイント

　あいさつは生徒からしなくてはならないというわけではありません。気づいた方からあいさつを交わせばよいのです。大事なのは，教師から率先して生徒にあいさつをしていくことだと思っています。なかなかあいさつできない生徒でも，教師から先にあいさつし続けていくことで徐々に変化が出てきます。はじめは無視されるかもしれませんが，徐々に頭が下がるようになっていきます。そして，小声であいさつを返すようになり，次第に大きな声になります。そして最後には，自らあいさつできるようになります。

　あいさつは，生活を送るための魔法の言葉だと思っています。心が育てば自然とあいさつできるようになります。その意味であいさつとは，心のバロメーターといえるでしょう。

　特に，3年生は高校入試や就職試験を目前にしており，試験の中には面接もあります。面接官は短い時間でその子どものよさを見極めなければなりません。面接では，他の能力があったとしても，あいさつができないとよい印象を与えることができません。普段から生徒たちにはあいさつを意識した生活を送らせて第一印象を高めてほしいと思います。

　言葉遣いについて，教師と関係ができていくと「友達言葉」で話をしてくる生徒がいます。それは気をつけていかなくてはなりません。教師と生徒は立場上一線を引く必要があります。

友達言葉で話を始めたら，「もう一度きちんと言ってみて」と返してあげてください。それだけで，生徒は気づいて言い直します。いきなり言葉遣いがよくなるわけではありませんので，繰り返し指導する必要があります。また，多少敬語の使い方がおかしくても，その部分はそこまでこだわらなくてもよいと思います。大事なのは，友達との区別がきちんとでき，丁寧に話をしようとする気持ちです。

③ 「昇降口の使い方」の指導のポイント

　3年生にとって昇降口の使い方は，指導しなくてもわかりきったことです。乱れていないかだけ気をつければよいでしょう。それ以上に大切なのは，「今日も1日がんばろう」という気持ちになるような昇降口にすることです。

　例えば，学年の教師からの愛のこもったメッセージを書いておいたり，行事でがんばっている写真を掲示しておいたり，生徒の作品を展示しておいたりするのもよいと思います。

生徒の作品といっても，大きなスペースをとるようなものを置くわけにはいきません。例えば，葉っぱの形に切った画用紙に１年間の目標を記入させ，大きな木に貼っていくのはどうでしょうか。特に３年生は，進路について，不安定な気持ちになりやすいので，く

じけそうなときに昇降口に貼ってある掲示物（目標の木）を見たら，きっとがんばろうという気持ちになるはずです。だからこそ，パソコンで印刷したものよりも，教師や生徒が手づくりした温かさを感じさせる掲示物を掲示したいものです。

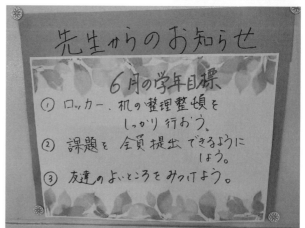

　教師が思っているよりも，生徒は昇降口の掲示をよく見ています。変化のある昇降口を学年で工夫しながらつくりあげてほしいと思います。

❹ 「生活態度の変化」への指導のポイント

　教室に入ったら，まずは子どもたちの顔をゆっくりと見渡してみましょう。そうすると，表情がいつもと違う生徒がいるかもしれません。変化を感じたら，教師から「何かあった？　大丈夫？」と声をかけてください。素直に悩みを話してくれる生徒もいますが，悩みがあっても「大丈夫」と答えてしまう生徒もいると思います。大事なのは，「変化に気づく」ことです。その場は大丈夫と言って相談してこなくても，「先生が気づいてくれている」＝「先生は私を見てくれている」と思えるようになると，教師への信頼度が増して，無口な生徒でも徐々に話をしてくれるようになります。

　また，服装や言葉遣いの乱れが見られるときも要注意です。悩みや嫌なことがあるサインです。そんなときは，乱れだけを注意するのではなく，「どうしたの？　何か悩みがあるの？」と言葉をかけてあげてください。悩みがいっぱいになってあふれる前に，教師が悩みに気づき，生徒が吐き出すことで少し嫌なことがあっても対応できるようになっていきます。そうなれば，きっと学校生活も楽しくなるはずです。

❺ 「学級の方針・ルール」の指導のポイント

　4月当初の学級開きの際に，担任から学級経営方針を生徒に伝えると思います。おそらく生徒も，教師の方針に対して前向きにがんばろうと思い，話を聞いているはずです。だからこそ，教師は生徒の前で宣言したことを1年間の抱負（目標）として，決してぶれることなく，思いを貫いてください。例えば，途中で「他のクラスのやり方がいいから勝手に変更する」といったことは，NGです。生徒からの信用を失ってしまいます。生徒からすると，この先生は言うことを変える人だとか，嘘をつく人だとなり，なかなか心を開いてくれなくなります。

　しかし，指導をしていくうえで，「こうしたほうがいい」と感じるときもあります。そのときは，まず生徒に変更する理由をきちんと伝え，生徒の同意を得て，方針を変更してください。そうすれば，教師のよりよくしようという意図が伝わり，素直に聞き入れてくれるはずです。

　指導をする中で，柔軟に対応すべきことは多々ありますが，教師の「これだけは」という思いはぶれてはいけません。

❻ 生徒指導でクラスをまとめるポイント

　生徒が担任を好きになるポイントがあります。それは「愛メッセージ」です。そのメッセージをいかに生徒の心に響かせるかです。生活ノートで真剣に相談にのったり，背面黒板に愛のこもったメッセージを書いたり，時には，我が子のように真剣に向き合ったり。要するに，「先生は自分のことを真剣に考えてくれている」と生徒に思わせることです。表現はいろいろとありますが，「みんなのことが大好き」だと伝わる愛メッセージのシャワーを与えると，子どもたちは自分のことだけでなく，まわりの生徒たちにも愛メッセージのシャワーを与えられるようになり，その結果，心の温まるクラスに変化していきます。

（弓矢　敬一）

「学習指導」のポイント

① 「班活動」の指導のポイント

机上に必要なものを伝えることから授業を開始します。その後は次のような流れで進めます。

> 1　進級を祝う言葉と簡単な自己紹介
> 2　プリントを配付し，活動内容を伝えた後，班活動を行う

　2については，班で取り組ませたいプリントを配付します。国語ならば，取り組みやすく，さらに入試までに覚えさせたい，故事やことわざ，四字熟語がよいでしょう。

基礎学力プリント　（故事ことわざ編①）　年　組　番　名前（　　　）

ファーストステージ	セカンドステージ	サードステージ	ファイナルステージ
①急がば	⑰雨降って	㉝転ばぬ先の	㊾飛んで火に入る
②二兎追うものは	⑱うち	㉞かえるの面に	㊿どんぐりの
③やなぎの下の	⑲ちりも積もれば	㉟花より	51勝って兜の
④さるも木から	⑳三日	㊱七転び	52親しき中にも
⑤失敗は	㉑一石	㊲泣きっ面に	53立つ鳥
⑥好きこそものの	㉒おぼれるものは		
⑦ひとのふりみて	㉓大は		
⑧楽あれば	㉔負けるが		
⑨出るくいは	㉕老いては		
⑩逃がした魚は	㉖コロンブスの		
⑪とらぬ狸の	㉗喉元過ぎれば		
⑫鬼に	㉘朱に交われば		
⑬先んずれば　人を	㉙思う念力		
⑭火のないところに	㉚一事が		
⑮ミイラとりが	㉛骨折り損の		
⑯類は	㉜論より		

故事ことわざを覚えよう①〜④　　三年　　組

①急がば	まわれ
②二兎追うものは	一兎も得ず
③やなぎの下のどじょう	
④さるも木から	落ちる
⑤失敗は	成功のもと
⑥好きこそものの	上手なれ
⑦ひとのふりみて	わがふりなおせ
⑧楽あれば	苦あり
⑨出るくいは	打たれる
⑩逃がした魚は	大きい
⑪とらぬ狸の	皮算用
⑫鬼に	金棒
⑬先んずれば	人を制す
⑭火のないところに	煙はたたない
⑮ミイラとりが	ミイラになる
⑯類は	友をよぶ
⑰雨降って	地固まる
⑱うち弁慶	
⑲ちりも積もれば	山となる
⑳三日坊主	
㉑一石二鳥	
㉒おぼれるものは	わらをもつかむ
㉓大は	小をかねる
㉔負けるが	勝ち
㉕老いては	子に従え
㉖コロンブスの	卵
㉗喉元過ぎれば	熱さを忘れる
㉘朱に交われば	赤くなる
㉙思う念力	岩をも通す
㉚一事が	万事
㉛骨折り損の	くたびれもうけ
㉜論より	証拠

楽しく活動させる工夫も大切です。下のようなゲームの要素を取り入れても楽しいでしょう。

1 プリントのファーストステージを班全員が言えるようになったら，教師のところに来て発表する
2 1人の持ち時間は1分とする
3 全員が成功したら，セカンドステージに進むことができる

「活動時間は20分です。制限時間内に何班が達成できるでしょうか。また，セカンドステージまで進む班はあるのでしょうか」などの言葉をかけてからスタートを切ると，生徒たちはさらに盛り上がります。班は男女2名ずつの4人班がおすすめです。最初は消極的な態度だった生徒も，仲間に声をかけられ自然に活動に加わっていきます。仲間の力はとても大きいのです。また，読解が苦手でも暗記は得意な生徒など，生徒の意外な一面やほめる材料をたくさん見つけることもできます。

　そして，年度当初にこのような活動を意図的に多くすれば，班や学級の人間関係も深まります。そのような雰囲気をつくることができれば，深みのある話し合いをしたり，みんなで難問に挑戦したりすることができるようになります。

❷「個人目標設定」の指導のポイント

　班活動終了後は，自分と向き合う時間を設定したいものです。テスト隊形にするなど空間を変えるだけでも雰囲気は一変します。

　個人目標を考えさせるときには，評価についてもきちんと話をしましょう。3年生の誰もが成績を伸ばしたいと思っています。そのときに，「この観点は，ここが重要」だと，具体的に取り組む内容が理解できれば，目標も立てやすく実行もしやすくなります。黒板やプリントを用いて各観点や評価のポイントを説明しましょう。提出物の大切さも伝えましょう。特に，飛び込みでその学年や学級を担当することになった場合は，こうした説明を丁寧に行います。

　「がんばりたいのに，何をがんばればいいのかがわからない」そんな生徒たちの不安な気持ちを解消させるためにも，具体的な説明が必要です。

❸「正確な読み」の指導のポイント

　年度当初は，正確に音読をすることの大切さを改めて確認したいものです。問題文を正確に読めなければ，「何を解かなくてはいけないのか」や，国語でいえば「筆者が伝えたいこと」などを理解することもできません。

最初は，正確に読むことの難しさを体感させる活動をしてもいいでしょう。教科書から５行を指定し，練習時間を設けた後，１列を指名します。成功したら次の生徒が音読できることを伝えます。生徒たちは「余裕！」と言いますが，挑戦してみると難しさに気づきます。また，「学級全員で一文読みを行い，短い物語を最後まで正しく読もう！」という課題に挑戦させたこともあります。わずか数ページの物語でしたが，授業の終わりまでにゴールすることはできませんでした。

正確に読むことの難しさを体感できた生徒たちは，自分に合った読みのスピードを考え始めます。

また，入試問題などに挑戦させるときにも，「何を解けばいいのか，文末は何にするのか」を見つけるために最初は音読させることが効果的です。また，該当箇所に線を引く習慣を身につけさせることもおすすめです。正確に読む力をつけることは，読解力の向上につながります。

④ 「授業開始５分」の指導のポイント

３年生は，教科書の内容と並行しながら，入試に向けて１・２年の内容を復習することも必要です。教科の内容を早めに終え，２学期の終わり頃から集中的に入試対策を行う場合もあるでしょう。しかし，年度当初から，授業の開始５分程度を「今週は○○週間」と決め，あらかじめおおよその年間計画を立てて，少しずつ復習させていくやり方もあります。

例えば国語ならば，「漢字週間」「四字熟語などの語句週間」「古典の暗唱週間」「説明文などを制限時間内で解く週間」などが考えられるでしょう。古典の暗唱週間を何回かつくれば，そのたびに歴史的仮名遣いなどの復習をすることができます。

もちろん，50分間をかけてじっくりと取り組ませたい内容のときもあるでしょう。毎時間，復習の時間を設定する必要はありません。３年生の教科担任は，生徒の力を伸ばすために，やりたいことがたくさんあると思います。しかし，時間は限られています。どこで何をするのか，きちんとした計画が必要です。

暗唱プリント①　　　三　年　　組　　番　名前（

☆ ステップ１「土佐日記」…紀貫之作の男性による仮名の日記で

男もすなる日記といふものを、女もしてみむとて、する

あまり一日の日の戌のときに、門出す。そのよし、いさ

けます。

男の人も（漢文で）書くという日記というものを、女である私

ています。ある年の十二月二十一日の午後八時ごろ、出発します。

☆ ステップ２　「方丈記」…鴨野長明作のすべてのものが移りか

ゆく河の流れは絶えずして、しかも、もとの水にあらず、

えかつ結びて、久しくとどまりたる例なし。世中にある

流れてゆく川の流れは、絶えることなく流れ続けているが、し

流れていたもとの水ではない。流れのしずかなところに浮かんで

他方では新しくできて、永い間そのままの状態であるようなこと

またこの川の状態のようなものである。

（久保美也子）

生徒指導コラム

「新たな信頼関係をつくる」6月

6月は特別！

　始業式の出会いで「忘れられない1年」にしようと提案したところ，全員が合意して始まった学級づくり。しかし，6月は多くの中学校で修学旅行を終えるので，4月にもった意欲的な気持ちは薄れ，目標を見失いがちな時期になります。修学旅行が終わってから1学期が終わるまでの2か月間は，「学級づくり」を通して行う生徒指導が，最も重要な期間です。

　以下に私の生徒指導に関わる思い出を紹介しますので，参考にしてください。

生徒の様子を見て

　生徒たちをよく観察していると，いつまでも，もともとできていた人間関係のままで，学校生活を送っていました。男女間で，もう少し関わり合いがあってもいい頃だと思いました。**「このままの人間関係ではよい学級とはならない。新たな信頼関係をつくる仕掛けをしよう」**と考えたのです。

個人の弱さ，学級の弱さ

　上記の課題意識をもって，さらに普段の生活を見てみました。すると，子どもたちが自ら高まろうという気持ちが薄いと思うようになりました。

　例えば，依然として朝読書の開始時刻や高校見学の申し込み期限が守れなかったり，授業の始まりのあいさつも，心を込めてやっているのはいつも同じ生徒ばかりになっていたりするという状況でした。修学旅行での互いに声をかけ合い，高め合っていた姿が消え始めていました。

　そこで，次のように話しました。かなり強い口調です。

　「修学旅行が終わって1週間，教室で起こっていることを振り返ってほしい。互いに声をかけ合ってつながり合っていた君たちはどこにいったのだ。学級のつながりは弱くなってしまっている」

　この後，出張が入っていて，後ろ髪を引かれる思いで学校を出ました。その日，リーダーたちの呼びかけで話し合いをしたそうですが，それでも気持ちは1つにまとまりませんでした。

集団の力をいずれ…

　その翌朝，私は教室で生徒の登校を待ちませんでした。職員室にいて彼らがどうするのかをじっと待ち，朝読書の開始時刻にこっそり教室をのぞきました。

　すると，静かに朝読書がスタートできている！　その後の給食や清掃など，毎日やることは，私が何も言わなくても，自分たちで声をかけ合ってやっていました。彼らはこれまで，簡単で手軽なことにはすぐに飛びつきましたが，少し面倒なことがあるとすぐに手放す様子がありました。

　私はこの様子を見て，今日が大きく変わることのできるチャンス！と捉え，彼らの動きを大いにほめて，この姿を「価値づけ」しました。

　「4月に決めた誓いを簡単に手放してはいけない。今日できたのは，全員が学級のことを考えたからだ。何とかしなければという気持ちをもったからだ。このように，いつも同じ人ばかりと関係をもつのではなくて，誰とでも関わろうとする気持ちをもって，新たな仲間と信頼関係をつくることが，今の君たちには大切だ。その姿が見られたのが嬉しい」

　このように自分の気持ちをストレートに伝えました。

仲間を見る目

　いろいろなタイプの人間が，学級の中には存在します。それぞれの得意・不得意を，まわりの仲間はわかっているものです。生徒にはそのことを伝え続け，自分の弱さをさらけ出して接すること。また，まわりをぐるっと見回して，「自分がやった方がいいかな」と思ったことは，率先してやってみること。つまり，**自分が「出る杭」になることが大事**だと伝えました。仲間を見る目を養うことで，自分ができることが増える。それが認められることで，仲間との信頼関係を育むのです。教師は，その姿を後押しすることが大切だと思います。

「よりよく」を目指す

　その後，1学期が終わるまでの1か月半で，「新たな信頼関係をつくる」が見られた場面ではすぐに価値づけをしました。例えば，いつもとは違う仲間と一緒に掲示物をつくっていたことや，基礎学力テストへの取り組みで「わからない」と言った生徒にとことんつき合う仲間がいたこと，また，掃除で誰に対しても「ここやった？」などと声をかけている生徒がいたことを，学級通信でとりあげました。

　こうして，**現状に満足せず向上しようとする過程で，仲間との新たな関係が生まれていること**を彼らは実感していったのです。

（桑山　正吾）

6章

信頼される
保護者対応術

「保護者会」の運営術

　3年生の保護者会は，進路情報を提供することが中心になります。ここでは，様々な進路情報の提供の方法を紹介します。

❶ 3年生全体で行う「進路説明会」

　「進路説明会」という名称に留意してください。経験談ですが，ある教師が意識せず「進学説明会」と発していたために，「中学卒業後に就職する我が子には関係がない会なのですね」と，保護者から厳しい口調での電話がありました。「進路説明会」ですから，生徒の進路選択についての情報を偏りなく提供することが大切です。以下は，私が経験してきた「進路説明会」のプログラムです。3年生の保護者を体育館に集めて開催しました。

❶校長挨拶　　※来校のお礼と会の主旨を話す。

❷進路指導主事からの説明
　※最新の進路に関わる情報（例　「来年度入試日が増えます」「自己推薦書の提出ができるようになりました」等）を伝える。今後の進路決定までの流れ，個人面接の日程，保護者に記載を依頼する進路関係書類などについても説明する。

❸ハローワークの方からの説明
　※❸〜❾はそれぞれ10分間程度で進路選択に関わる情報を提供してもらう。

❹専門学校からの説明
　※自校生徒の進学実績がある1つの専門学校に依頼して，専門学校全般の話をしてもらう。

❺私立高等学校からの説明
　※自校生徒の進学実績がある2つの私立高等学校に依頼して，私立高校全般の特長やその学校の魅力を話してもらう。

❻公立高等学校（工業系）からの説明
　※自校生徒の進学実績がある公立工業高等学校の特長や概要について話してもらう。

❼公立高等学校（商業系）からの説明　　※工業系と同様

❽公立高等学校（普通科）からの説明　　※工業系と同様

❾学年主任からのお礼の言葉

❷ 分散型「進路説明会」

　3年生全体で行う方式では，すべての保護者のニーズに合わせることは不可能です。どのような方式をとっても難しいことですが，少しでもニーズに合わせるために「分散型」で開催することも方法の1つです。

〈体育館で〉

❶校長挨拶　　※来校のお礼と会の主旨を話す。

❷進路指導主事からの説明

　※最新の進路に関わる情報（例　「来年度は入試日が増えます」「自己推薦書の提出ができるようになりました」等）を伝える。

　※今後の進路決定までの流れ，個人面接の日程，保護者に記載を依頼する進路関係書類などについて説明する。

❸ハローワークの方からの説明

　※10分間程度で保護者に進路選択に関わる情報を提供してもらう。

❹専門学校からの説明

　※自校生徒の進学実績がある1つの専門学校に依頼して，専門学校全般の話をしてもらう。

❺分散型説明会についての概要説明

　※10の教室で，来校いただいた複数の高等学校から説明が聞けることを伝える。ニーズに応じて，説明を聞きたい高等学校を選択して参加していただくことと，同じ説明を4回行うので，最大4校の説明が聞けることを知らせる。

〈教室で〉

　10教室で，各高校による説明を4回行う。保護者は自由に選択をする。

　来校いただく高等学校については，自校生徒の進学実績をもとに，公私立に偏らず，専門学科と普通科のバランスに配慮し，さらに昨年までの説明会への参加回数も加味して，来校を依頼しましょう。外部との交渉となりますので，管理職に許可を得ておくことも大切です。教室での説明時間は，1回につき20分程度とし，3回から4回行っていただきたいということも伝えておきましょう。

　なお，各高校の説明教室とは別に，中学校としての進路相談室を設け，保護者の質問等に対応できるようにしておきましょう。保護者から安心感と好感をもたれます。

　高校が持参するパンフレットは，分散型説明会参加者のみならず，全保護者へ配付しましょう。そのため，やむを得ず欠席している保護者には生徒を通して手渡します。学校がすべての保護者を大切にしている表れとなるので，確実に配付することが肝心です。　　　　　　（玉置　崇）

「三者面談」の運営術

① 進学については保護者と生徒の考えを尊重する

中学校3年生の三者面談となると，やはり進学相談が中心となります。もっとも三者面談で初めて進学先などについて話題にすることはまずないでしょう。むしろそのようなことがあってはいけません。三者面談の時期にもよりますが，進学先を話題にする三者面談は，最終確認をする場であると考えておくことが大切です。

こう考えておくと，進学相談については三者面談までに，どこまで生徒や保護者と話を詰めておくかがポイントとなります。

多くの学校は，3年生の早期から生徒や保護者に進路相談アンケートをしています。まずは，そのアンケートに書かれた内容をしっかり捉えることです。

例えば，書かれた内容が，生徒と保護者の合意で書かれたものかどうかは，生徒面接を通して確かめておくことが肝心です。面接をしてみると，生徒の本意ではなく，「親が勝手に書いた」という生徒もいました。そのままの状況で三者面談を迎えると，大変なことになります。10〜15分間の面談時間では，とても話がまとまりません。後日，もう一度設定するということになります。

生徒の考えや気持ちをよく聞き，こちらから保護者に連絡して，保護者と事前相談をしておくことが三者面談を無事終えるコツです。

また，三者面談では，学年で統一した「確認シート」を用意しておくとよいでしょう。

保護者や生徒の前で，「最終確認のため，このシートに書きますね。第1希望の受験先は○高校ですね。第2希望校は△高校ですね」などと，目の前で記載するのです。三者面談で決めた内容を後日簡単に変えてしまう保護者がいるからです。目の前で記載すると，安易な変更を防ぐことにもつながります。

② 今後の成績予想を伝える

希望する進学先の合否を決める条件は様々ありますが，なんと言っても成績（評定）が第一条件となります。3年生の三者面談では，高校受験時点での成績（評定）について話題にすることは欠かせません。もちろん今後の成績（評定）は決定しているわけではありませんが，ど

の程度の成績（評定）になるか，保護者や生徒とある程度の予想をしておくことは重要です。

　例えば，音楽科の通知表評定が１学期は「３」，２学期も「３」であれば，学年末評定はおそらく「３」となると予想できます。国語科の評定が１学期は「３」，２学期は「４」であれば，学年末も「４」となるように，今以上に，授業や定期テストへ取り組みをしっかりしようと励ますことになります。

　経験談ですが，保健体育科の評定が１学期，２学期とも「３」であったのに，学年末には「４」になると予想した生徒がいました。理由を聞いてみると，３学期は種目として持久走があり，持久走は得意で，評価を上昇させることができるはずとのことでした。もちろんそうなるように励ましましたが，学年末の評価は１年間の取り組みにおける評価であること，つまり３学期のみの評価ではないことを保護者や生徒に伝えました。

　留意してほしいのは，このようにまずは生徒に予想させることです。そして，そのうえで助言することです。担任が先に話してしまうと，教師はすでに決めていると誤解を生むことになりますから，要注意です。

❸ 高校や事業所情報のファイルなどを用意する

　三者面談の待ち時間に，高校や事業所のことをより知ってもらうために，パンフレットをクリアファイルに入れて，閲覧できるようにしておくとよいでしょう。私は，廊下に机を置いてファイルを自由に見ることができるようにしました。

　高校については，学校の最寄り駅から通学方法，時間，定期券費用などの一覧もファイルに入れておくとよいでしょう。特に通学時間は，距離的には近い感じがしていても，交通機関を使って通学すると，けっこうな時間がかかる場合があります。保護者や生徒にとっては，高校選択の貴重な情報となります。

❹ 三者面談時間割を掲示する

　３年生の三者面談となると，時間が予定以上にかかる場合があります。廊下に「三者面談時間割」を掲示し，「〇時〇分～〇時〇分　山田」というように，時間割を掲示しておくと，保護者も心得てくれます。

　「時間割が貼ってあると，その時間内に面談を終わろうと思いますよ。長引いていると何か問題がある家庭だと思われますから」とは，保護者から聞いた言葉です。けっこう効果があるようです。

（玉置　崇）

「トラブル」の対応術

❶ 保護者クレームの傾向

　3年生の生徒をもつ保護者の不安は様々ありますが，次のことが多いと考えられます。

> ①学級替えによる不安
> ②子どもの進路に対する不安
> ③部活動との学習の両立ができていないことへの不安

　①は，学年に関係ない不安のように思えますが，義務教育最終年としての不安があるのです。中学校最後の学年では，我が子に友達がたくさんいる学級で楽しく過ごさせたい，過去にトラブルがあった生徒がいる学級でない方がいいなどと，教師からすれば，実に勝手な思いをもつのが保護者です。もちろん多くの保護者は，こうした思いはあっても，担任まで連絡することはありませんが，中には，「先生，学級を変えてもらえませんか」という要求をしてくる保護者もいます。

　②は，どの保護者ももつ不安です。特に生徒が長男，長女である場合は，経験がないため，不安な気持ちをもつのは当然かもしれません。進路情報をしっかり伝えることです。

　③も，多くの保護者がもつ不安です。「部活動が終わったら受験勉強に集中するから」が生徒の常套句です。保護者はこれが心配でならないのです。「部活動が終わったら本当に受験勉強に向かうのかしら。これを口にすると，信用していないのか！と，子どもから怒られるし…」など，なんとも整理のつかない気持ちになります。

　保護者対応をする前に，多くの保護者にはこうした不安傾向があることを心しておくとよいでしょう。

❷ 「あるある」なクレームを押さえておく

あるある学習編その1：小学校時代のママ友や塾のママ友から，他中学校の情報を得た保護者からのクレームです。

　「このような進み具合で，教科書の内容は終わるのですか？　受験に

間に合いますか？」

あるある学習編その２：塾で他校の情報を得た保護者のクレームです。

「○○中学校では，うちの子どものランクでも推薦がもらえているのに，なぜ本校ではもらえないのですか！」

あるある学習編その３：志望校決定の判断資料となる学力テストの朝，生徒が体調不良となり，発生した出来事（クレーム）です。

その生徒は，担任から「大事なテストだから絶対休まないで」と言われたので，どうしても休めないと保護者に言い張っていました。しかし，保護者は無理せず休ませたいと思っています。兄や姉に確認すると「受験前に実力を知るテストで，成績をつけるテストとは別だよ」と言い，休んでもいいと言っています。保護者は困ってしまいました。「体調が悪いのに，絶対に休んでいけないというのはどういう指導ですか！」

　このように，様々な努力をしていても，クレームが来ることがあります。理不尽な保護者からは，どのように丁寧に説明しても言い訳だと言われたり，細かな言い回しを指摘されたりすることがあります。こういったときは，必要な謝罪は行い，その他の場面では余計なことを言わないようにすることがよいと思います。

　保護者の中には，謝り方が悪いなどと言いがかりをつけ，学校や教師への要求をどんどんエスカレートさせる人がいます。このときは，あくまで毅然とした態度で臨むことで相手を諦めさせ，話を終着させることができる場合もあります。言われるまま謝罪する必要はありません。謝罪すべきところがあるのならば，そのところは謝罪し，その他については毅然と対応することです。

③ 家庭と学校が一体になってやれることを相談する

　第３学年での重要な保護者対応は，やはり進路相談です。特に，三者面談での子どもと保護者の意見の食い違いは，学校不信につながることがあります。

　面談でよく聞かれる質問は，「先生，うちの子どもは○○高校に合格できるのでしょうか」という，合否を訊ねるものです。進路指導部より提示された資料や，本人の成績等を勘案して生徒の合否は予想できますが，受験ですから「絶対大丈夫」などと言ってはいけません。成績が極端に低い場合も，「大変難しい状況にあります」としか言えません。

　その返答に対する不安の矛先が子どもに行く場合は，「ほら，見なさい！　あんなにしっかりと勉強するように，毎日毎日，口酸っぱく言っていたでしょう！」と，動転した保護者が興

奮して子どもを叱責することがあります。言われた生徒も「勉強しようと思ったのに『勉強しろ』って言われたからする気がなくなった！」と，受験生の決まり文句で反撃をします。こうした親子喧嘩だけで済むのならいいのですが，厄介なのは担任や学校への攻撃がある場合です。

　「先生は状況をわかりながら，本人に対してきちんと言っていただけなかったのでしょうか？」「本人の進路希望がわかっていたのなら，それに合った進路指導をしていただいてもよかったと思います」など，涙ぐむ保護者が少なからずいます。

　とても難しい局面ですが，担任として「○○さんの進路実現のために，今の状況を踏まえて，ご家庭と学校が一体になって応援していきましょう。そのための相談をさせてください」と，ともに考える姿勢を伝えることだと思います。

④ たった一度の人生だから，本人が納得するまで

　次のような進路相談がありました。

　「子どもが料理の道に進みたいと言っているが，親は反対だから，先生からも説得してくれ」というものです。生徒と保護者の意見が一致しないことは多々あります。そのため，このように担任に本人への説得を依頼する保護者がいます。

　基本的には，生徒の考えを尊重してほしいと思うのが担任です。こうしたときの学級担任としての助言例を紹介します。

　「子どもが自分で決めることが大切です。親が言ったことで進路を変えたら，子どもは一生後悔します。子どもが後悔しない生き方を支援するのを第一にしています。『安全に，安全に』というのも人生ですが，物事に挑戦する姿勢は大切なものだと思います。私自身も高校受験に失敗しました。失敗から学ぶことや，その悔しさをバネにしてこれまで生きてきました。『さくら散る』人生で，『15の春』はつかめませんでしたが，『後悔』という文字はありません。

　少し視点を変えた話をします。料理の世界では出汁も二番だしの方がいいと言われます。一番だしより，さらに手間暇かけた二番だしが大事だそうです。人生も全てが一番だしではありません。悔しさから這い上がって，さらに絞り出した二番だしで勝負をすることが必ずあると思います。

　栃木市出身の文豪・山本有三の名作『路傍の石』の一節に，『たったひとりしかない自分を，たった一度しかない一生を，本当に生かさなかったら，人間，生まれてきたかいがないじゃないか』という文言があります。

　職業を選ぶということは，自分の道から選択肢を捨てることでもあります。何かを選ぶのだから，その他は捨てることになります。勇気をもって"捨てること"は大事な作業なのです。専門の世界でうまくいかず，違う道に進んだときにもその能力が必ず生きるのです。

一度しかない人生です。誰の人生でもない，自分自身の人生です。誰にも代わってもらうことはできません。タイミングがあり，タイムリミットもあります。お子さんの大切な人生です。親が考えを伝えることはよいのですが，最終的には本人が決めることです」

このように保護者に対して，「子どもにとっても，たった一度の人生であること」「本人の決定を重要視したいこと」を伝え，本人が納得する進路へ導くように見守ってほしいと進言してください。ただし，第2希望等の備えは万全にしておくことを忘れてはいけません。

⑤ トラブルを最小限にするために

今回，保護者トラブル対応術として様々な「状況」と対峙する実践を紹介しましたが，トラブルを最小限にするには，以下の3点を心がけることが大切だと思います。

> ①子どもよりも先に，教師から保護者に伝えて安心させる。
>   子どもの説明では，内容を十分に理解できないため，保護者の不安や怒りにつながる。
> ②中学校は教科担任制なので，些細なことでも迅速に連絡や報告をし，情報を共有する。
>   「聞いていませんでした。知りませんでした」が保護者の不信感を生んでしまう。
> ③担任としてのぶれない方針を，年度当初にきちんと伝える。
>   「こういう教師だ」と伝えないと，すぐ過去と比較され，何かあると批判につながる。

昨今では，保護者とのトラブルに，思うように終着点が見出されないことがあるのも事実です。子どもを中心に，子ども最優先という大前提をおいて，保護者も教師も同じ方向を向くことで，終着点が見えてくるのではないでしょうか。

文部科学省は，スクールロイヤーの本格導入に向けて動き出しました。いじめや不登校，保護者や教員間のトラブルなど，教育現場ではさまざまな問題が生じており，適切な判断が難しい案件が増えています。法律の知識が必要となる案件も多いことから，学校現場に理解のある弁護士が学校側の相談相手となるスクールロイヤー制度には，問題の対処や事態の悪化を未然に防ぐことが期待されます。

また，人とのつながりが薄れている現代では，保護者や地域の人も相談する相手が少ないため，不満などをうまく発散できない状況が「攻撃性」となって学校現場に向かってしまうということもあるようです。

しかし多くの事例は，学校と保護者との信頼関係で解決できると思っています。

（小山内　仁）

生徒指導コラム

部活動から学習中心の生活に

夏の中体連の大会後には

　夏の大会は，3年生にとっては，中学校に入学してから2年半取り組んできた部活動の集大成です。生徒たちにとっては引退がかかった大会でもあります。それだけに生徒たちのこの大会にかける思いはひとしおのことと思います。そのために，大会で敗退が決まった後は「燃え尽き症候群」のような気が抜けた状態になったり，体を休めたいと休息モードに入ったりすることがよくあります。こうした状態になるのは仕方がないことだと思いますが，これが長く続くのは決してよいことではありません。

　これを防ぐためには，どうすればよいのでしょうか？

　大会に勝とうと負けようと時期が違うだけで，いずれ引退するのは同じです。つまり，**夏の大会前に，生徒たちに考えさせておくべきことは，全力で戦い抜き満足感をもって大会を終わり，次の目標に向かって進むといった，敗退後，引退後のことなのです。**

　これは部活動の顧問が指導することですが，学級の生徒たちの課題であると考えれば，学級担任としても心がけておきたいことです。

引退後の目標設定は

　満足感を抱いて部活動を引退したとしても，次の目標がはっきりとしていなければ，生活は怠惰な方向に向いてしまうものです。**3年生のこの時期の目標は，やはり希望する進路実現を図るためにも，「学習をがんばる」とさせたいところです。**

　夏休み早々に引退が決まったときには，次のような落とし穴があります。

　「部活動が終わったら，学習に切り替えてがんばる」という目標を立てていたとしても，「夏休みは長いので，しばらくゆっくりとしても大丈夫だろう」と気を抜き，流されてしまうことがよくあります。

　また，次のようなケースもあります。

　「部活動が終わったら，2学期の行事に全力を注ごう」といった目標設定をしている生徒です。この目標自体が悪いわけではありません。むしろ喜ばしいことですし，大切なことです。しかし，中には行事に夢中になり，その結果，学習をおろそかにする生徒もいますから注意し

たいところです。

　具体的には，多くの学校で２学期に行われる体育大会や合唱コンクールへの取り組みなどがあげられます。体育大会で行われる応援合戦の応援団長や団員としてがんばる，また，合唱コンクールの指揮者や伴奏者としてがんばるなどです。こうした姿勢は大切なのですが，**練習に集中するあまり，行事と学習の切り替えができなったり，学習することから逃げようとして行事に没頭したりします。**こうした偏った事態は避けたいところです。

　また，こんなケースも考えられます。

　「塾へ毎日のように通っているから，学習はそれで大丈夫」と思ってしまう生徒です。塾通いして学習をがんばるのはよいことですが，単に通塾しているから学習は大丈夫というのは大きな勘違いです。やる気もさることながら，塾の学習方法にも留意したいものです。個別の学習塾で，その生徒の弱点などに特化した対策をしてくれるようであればかなりの成果をあげることが期待できますが，大人数での講義式の塾では，それが成果に直結するかどうかわからないからです。

　このように，生徒個々の特徴やそれぞれの状況に応じて効果があがるように対策を考えておきたいところです。

学習に向かう目標設定を

　よく「目標を立てよう」とか，「目標を設定しなさい」と言いますが，どんなふうに立てたり，設定したりすればよいのでしょうか。

　「夏休みには学習をがんばる」という目標を立てたとしましょう。生徒たちは，どうなるでしょうか？

　この目標でがんばれる生徒もいるはずです。しかし，大多数の生徒たちはなかなか効果があがらないのではないでしょうか。それは目標があいまいで，おおざっぱ過ぎるからです。**ある程度具体的で，やるべきことと評価の観点が明確になっている目標を立てることが必要です。**

　先の目標であれば，単に「がんばる」という漠然とした目標ではなく，「この夏休み中の学習の目標は，新しく購入した問題集で１・２年生の５教科の総復習をする」というように，具体的にしたいものです。そして，時間帯や教科，学習方法の計画もあわせて立てさせるとよいでしょう。また，**簡単な計画表をつくらせ，目に見えるところに掲示させると意識して取り組めるので，より成果が期待できるはずです。**

（石川　学）

1 学期の通知表文例集

学級の仕事を率先して果たそうとしていた生徒

> 保健委員として，出欠黒板への記入や仲間の健康状態の把握に努めました。自分の仕事に責任をもって取り組むことができる姿は大変立派であり，学級の模範です。今後も自信をもって学級のためにできることを考え，積極的に取り組んでほしいと思います。

係活動については，具体的な活動を明記したうえで，その様子を保護者にも伝わるように明確に示すことが大切です。所見を書くときには，どのような場面でほめることができたのかを思い出すとよいでしょう。

基本的な生活習慣が身についている生徒

> だれに対しても丁寧な言葉遣いで話すことができます。先生に話をするときや全体に発表するときなど，その場に応じた言葉遣いをしようと心がけている姿に感心しています。相手の気持ちになって語りかけている態度がとても立派です。

3年生になるとあいさつや言葉遣いなどの生活習慣を意識し，改善しようとする生徒が多くなってきます。授業での発表の様子，班活動，休み時間での言動を観察して，その様子の変化に気づき，評価しましょう。

リーダーとして思うように努力が実らなかった生徒

> 学級委員として，学級をまとめることの難しさを感じながら，よりよい学級にしようと学校行事や学年行事に取り組むことができました。学級のリーダーの一人としてがんばったことに自信をもち，仲間とともに今後も活躍することを期待しています。

4月になると，気分を一新して積極的にリーダーに立候補する生徒が出てきます。しかし，

初めてリーダーという役割が与えられても思うような活動ができず，多くの悩みを抱えています。その悩みに共感しながら，応援しているよというメッセージを伝えましょう。

リーダーとして学級づくりに貢献した生徒

> 学級のリーダーとして自分の考えをはっきりと述べることができ，実行力もあります。学級における自分の役割を自覚し，しっかりと果たすだけでなく，採用されなかった意見を賞賛するなど級友のことを考えた行動をとることができました。

何度もリーダーとして経験を積んできた生徒は，発言力や実行力があります。3年生くらいになるとリーダー以外の生徒も成長しているため，意見の衝突も見られるようになってきます。違う意見の生徒も学級の輪に取り込んでいることを評価しましょう。

気が利く生徒

> 広報班の一員として掲示物を貼るだけではなく，自らよりよい掲示物を考えて作成し，教室の環境整備に貢献することができました。また，自分が気づいたことをすぐに学級の仲間に呼びかけたり，他の人が忘れている活動を代わりに行ったりと広い視野をもって行動することができました。

学級には，縁の下の力持ちをしてくれる生徒がいます。そういった生徒は，学級のあらゆる場面で何らかの働きをしています。自分の役割だけでなく，他の役割にも視野が広がっている様子を保護者に伝えましょう。

学級のムードメーカーであるが，学習に前向きに取り組めない生徒

> 明るく，朗らかな人柄で，学級の雰囲気を温かくしてくれました。仲間と談笑している姿が印象的であり，行事や部活動など何事にも楽しく取り組もうとする姿勢が感じられました。2学期も，仲間同士でお互いを高め合っていけるような関係を築くことができるとよいと思います。

明るく，学級のムードメーカーである一方で，授業中も近くの生徒と談笑し，学習に積極的に取り組めない生徒には，長所をほめつつ，けじめをつける大切さを伝えましょう。

清掃活動に黙々と取り組む生徒

> 　清掃時には，誰も行っていない役割を見つけ，自ら進んで黙々と活動することができました。学級全体の様子を把握したり，気づいたことを実行に移したりする様子は立派でした。今後も，様々な場面で自分ができることを見つけ，積極的に取り組む姿を期待しています。

　清掃活動に黙々と取り組む生徒をよく観察すると，誰も行っていない場所を清掃していたり，適した道具を選んで清掃したりしていることに気がつきます。まわりの様子を把握したり，把握したことを分析して補ったりする行動は賞賛に値するものです。

ユーモアのある言動をする生徒

> 　○○さんはユーモアのある言動で学級の仲間たちを楽しませることができ，人を惹きつける魅力があると思います。まわりはいつも仲間の笑顔であふれています。2学期も社交的な長所を様々な場面で発揮する姿を期待しています。

　いつも学級の雰囲気を盛り上げてくれる生徒がいますが，家庭でその姿を見せることは少ないように思います。こういった例に限らず，家庭と学校では違う面をもっている生徒が多くいます。そうした生徒の集団生活での立ち位置を保護者に伝えることが大切です。

素直で失敗が多い生徒

> 　学校では，いつも明るく元気に生活しています。正義感が強く，頼まれた活動に最後まで責任をもって取り組むことができました。失敗もありましたが，素直に反省して，同じ失敗を繰り返さないように努力している姿が見られ，好感がもてます。

　失敗を繰り返す生徒には，その都度，生徒に寄り添い，何がいけなかったのか，どうすればよかったのかを話し合いましょう。そして，改善が見られなくても，失敗を繰り返さないようにしている姿勢を保護者に伝えましょう。

（森川　晋平）

夏休み明けの
学級引き締め
&盛り上げ術

夏休み明けの
学級引き締め術

❶ 進路情報に目がいく環境をつくる

　3年生の2学期は，進路を確定させる時期です。2学期のはじめに，このことについて十分話をしておく必要があります。進路アンケートや個人面談は，掲示物などを工夫して予定を知らせ，見通しをもたせることが3年生の学級引き締めの土台となります。夏休みを皮切りに，多くの学校で見学会や体験入学が実施されます。収集した見学会や体験入学の記録を教室や学校の進路コーナーなどに掲示します。進路指導において，進路情報に自然と目がいくような環境をつくることは，進路への意欲を高めるという意味でもとても効果的です。

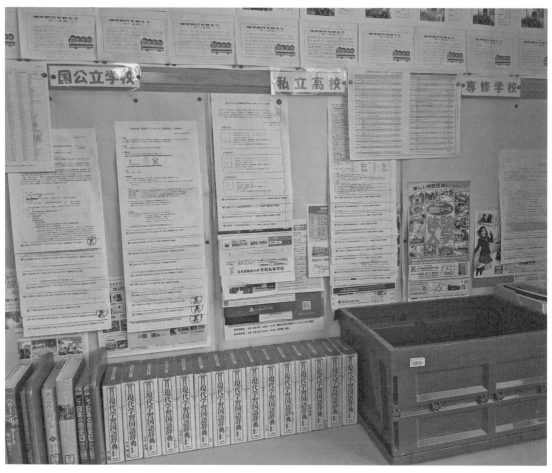

② 友達とがんばりを共有する

受験という大きな目標に向かって，夏休みの多くの時間を学習に充てていることでしょう。しかし，多くの生徒は，自分の取り組みが十分なのかどうかを不安に思っています。そんな生徒に自信をもたせるためにも，学習時間を視覚化するといいでしょう。

夏休みの生活表などに学習時間記録表をつけておきます。

日々の学習時間を累計すると，100時間を超える生徒が多くいます。この数字が，生徒の自信につながっていきます。

さらに，学習時間記録表を見せ合う時間を設定することで，自分の取り組みを思い出したり，友達のがんばりを知り，さらにがんばろうという気持ちを引き出したりすることができます。

受験に向け，友達と互いに刺激し合い，みんなでがんばっていこうとする雰囲気づくりが大切です。

③ 授業で学級を高める

3年生の後半は，受験対策の授業になりがちです。しかし，この時期だからこそ，質の高い対話の活動を取り入れることで，集団としてレベルアップするチャンスになります。

よい対話をするためには，

> ・自分の考えをもつこと
> ・自分の考えを伝えること
> ・相手の考えを聞くこと

が必要です。この3つを大切にするだけでも，落ちついた授業ができます。そこから対話の質をあげるためには，生徒が，「自分の考えを伝えたい」「相手の考えを聞きたい」と思うようなテーマや視点を示すことが大切です。

例えば，「〇〇についてどう思うか」についてそれぞれの考えを伝え合う活動では，「〇〇でわかったことを△△に適用するとどうなるだろうか」と具体的な視点を示します。そうすると生徒は頭を使わざるを得ません。

そして，頭を使って一生懸命に考えたことは，自ずと人に伝えたくなるものです。

最初はペアで話し合うのがいいと思いますが，学級の特性に応じて，班や学級全体で話し合うこともできます。

授業から，伝え合い，学び合う集団をつくることで，学校生活の他の場でも生徒主体で高め合っていくことができる学級になります。

④ 人のために働く

　3年生の2学期になると，生徒が「学校のため」という広い視野で働くことができるようになります。

　卒業まで残り半年のこの時期に，「学校のために何ができるか」をあげさせるといいでしょう。あいさつ，清掃などを中心に多くのことを生徒から引き出します。

　こうした活動に自分たちが一生懸命取り組むことを通して，いい伝統を後輩につなげたいという態度を育むことが大切です。例えば，「3年生が始業式や集会のときに静かに話を聞くことができていたら，後輩もそれを見習ってくれるかもしれない。だから，がんばろう」という気持ちをもたせたいのです。

　それは，学習や行事に対する取り組みにもいえることです。学年集会などで，その行動を評価することで，さらなる意欲につながります。

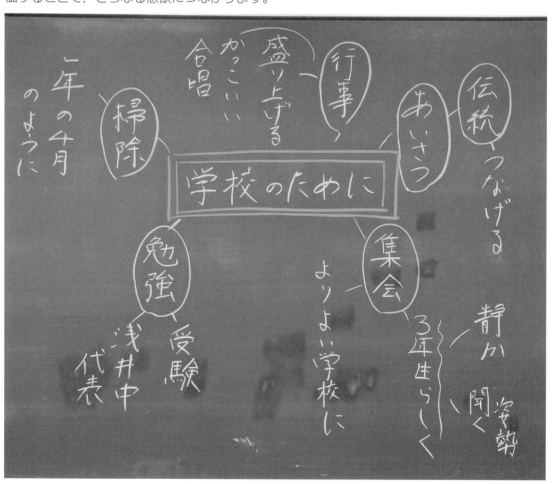

5 中学校生活最後の○○

　3年生にとって，学校行事には全て「中学校生活最後の」がつきます。集団として一丸となるためにも行事の取り組ませ方はとても大切です。2年生まで行事に対し消極的であった生徒や「めんどくさい」と言っていた生徒も，3年生になると勝利にこだわったり，盛り上げようとしたりする姿に変わります。この機を逃さず学級をまとめていきましょう。

　そのために，どんな行事にしたいか話し合います。その際に学級目標の存在を忘れてはいけません。4月にどんな学級にしたいと思ったかが，どんな行事にしたいかとつながっていることが大切です。そうすることで，「絶対優勝」よりも「協力」「みんなで笑顔」という過程や学級の仲間の気持ちを重視する雰囲気が生まれます。もちろん，行事で優勝できれば学級は団結しますが，優勝するのは1学級のみですので，負けても団結できる雰囲気をつくるのが教師の腕の見せ所です。

6 決めたこと100％達成日を増やす

　学級を引き締める取り組みとして，1日ごとの小さな目標を定めて，それを達成できた日を増やしていくことが効果的です。達成した日にはカレンダーにシールを貼るなどして，「見える化」するとよいでしょう。

　あくまで小さな目標でよいのです。以下に例を紹介します。

　・全員チャイム着席を1限目から6限目まで行おう

　・休憩時間には窓を開けて換気しよう

　・授業の中で，1回以上，全員発言をしよう

　・12時30分には給食の配膳を完了しよう

　・帰りの短学活を15時45分までに終えよう

　このように，達成できたかどうかが明確で，なおかつ比較的容易に達成できそうな事柄を目標とするとよいでしょう。日直に目標達成を判断させると，全員が取り組みを意識できるのでより効果的です。

　また，上記のように固い目標だけではなく，楽しみながら達成できる目標も時々織り込むとよいでしょう。

　・国語科の○先生を授業中に笑わせよう

　・いつも挙手が少ないと言われる理科の授業で，学級委員の合図で全員挙手をしよう

　・校長先生を学級に招いて給食を一緒に食べよう

　目標決めのときに，教室に笑いが起こるような楽しい目標を決めましょう。目標をぜひとも達成しようと互いに声をかけ合う，引き締まった学級風景が生まれます。　　　　（林　　雄一）

夏休み明けの
学級盛り上げ術

① 卒業生に追いつけ‼ 追い越せ‼

　2学期は体育祭や合唱祭などの学校行事があります。そして，これらの行事は3年生にとって全てが「中学校生活で最後の〇〇〇」となっていきます。生徒たちは，行事に向けて自ずと意識も高まり，まとまっていくはずです。しかし，そこで満足させることなく，3年生としてさらに自分たちで高みを目指し，協力・努力を続けさせることができるかどうかは，担任にかかっていると思います。

　そこで，まず昨年の3年生が行事に取り組む様子や実際の演技を動画や写真で見せたり，教室に掲示したりします。それを見た感想をペアや班で話し合い，学級で意見を共有し，自分たちはどのように2学期の行事や学校生活に取り組んでいくか，決意を書かせます。そのまま教室に掲示できるように，紙を画用紙にしたり，掲示しやすいように全員のものをB6サイズにしたりといった工夫をするとよいでしょう。

2学期の決意！！

生活

学習

行事
体育祭

合唱祭

名前（　　　　　　　）

❷ 忘れてはいけない「進路選択」

　3年生の2学期は，行事に向けて学級が団結し，みんなで1つの目標に向かう一体感が生まれます。しかし，行事に熱中するあまりに「進路選択」という大きな目標になかなか意識が向かない生徒も出てきます。そこで意識したいのが，行事でつくりあげた団結力を「学習」にもつなげることです。

　「受験は，団体戦」という言葉があります。2学期の学習の取り組み方の参考となるように，去年の3年生の学習方法やテスト勉強の計画表を紹介したり，級友の課題への取り組み方を紹介したりするコーナーを教室に設けることも方法の1つだと思います。

　また，右のような「課題完璧週間」や「平日4時間勉強できたチェック」など，簡単なチェックシートを掲示するのもよいかもしれません。そして，何週も継続して掲示するのであれば，達成した回数や連続記録などを書き込み，評価してあげるとさらに意欲が増すでしょう。

課題完璧週間！！

	名前	月	火	水	木	金	達成！！
1							
2							
3							
4							
5							
6							
7							
8							
9							
10							
11							
12							
13							
14							
15							
16							
31							
32							
33							
34							
35							
36							
37							
38							
39							
40							
41							
42							
43							
44							
45							
46							
47							
48							

完璧だった日はシールを張っていこう！！

　担任から生徒へ，行事の当日に何かをサプライズで渡すと，行事本番に向けて高まっていた気持ちをさらに高めることができます。

　教師からのサプライズをどのようなものにするか考えることは，2学期の始まりの教師の楽しみにもなります。

　例えば，合唱祭の当日に，学級目標と学級での合唱曲のイメージや一言アドバイスが書かれたお守りを渡します。

　このお守りは，名刺サイズにしてラミネート加工すると，生徒手帳にはさんで本番の舞台に立つことができます。

　結果発表のときにこのお守りを握りながら，手を合わせて自分たちの結果を待つ生徒もいます。

2学期は，3年生が2年生へバトンを渡す時期になります。

そのバトンを渡す前に，3年生には最高学年として，先輩として，大きな背中を学校生活，学校行事の全体で後輩たちに見せてほしいですね。

それは，教師が生徒たちにこうあってほしいという思いを伝えていくことで達成できると思います。生徒自身が後輩に語る場面を演出したり，黒板を使ったメッセージや朝の会・帰りの会での話などで教師の熱い思いを伝えたりしましょう。

（湯浅 良将）

夏休みボケを吹き飛ばす

2学期初日の鉄板トークネタ

❶ みんなの笑顔を大切に

話し始める前に

　中学校3年生の夏といえば，目指す進路に向けて猛勉強してほしいというのが担任の切なる願いです。生徒もがんばろうという気持ちでいます。しかし，夏休みが明けてみると現実は思ったようにできていないものです。我々教師だって思い当たることがあると思います。まずは，みんなが元気に登校できたことを喜び，思い出を語り合いましょう。

鉄板トークネタ

　笑顔で生徒の表情を1人ずつ確認し，ゆっくり大きな声で話します。

> 　夏休みが終わりました。こうしてまたみんながそろってスタートできることを嬉しく思います。「あれもやろう」「これもやろう」とたくさん計画を立てて夏休みがスタートしたことと思いますが，できましたか。これまで経験がないくらい勉強したという人もいれば，いつもと同じくのんびり過ごしてしまった人もいることでしょう。みんなの気持ち，よくわかります。私も同じですから…（担任としての夏休みを語る）。大切なのは，このことを振り返り「今日からどうするか」ということです。努力が足りなかったら，その分これからがんばればいいのです。自分の道は，自分で切り拓くのです。また，合唱コンクールに向けての取り組みも本格的になります。クラスで協力して合唱をつくりあげましょう。

　思いを語った後，普段以上に生徒の様子に気を配りながら，課題等の提出物を回収します。

> 　忘れてしまった人は，遅れても必ず提出しましょう。また，入試のことも意識して，今後は期限を守るようにしましょう。

（西村　禎子）

② 最後の行事と進路決定

話し始める前に

　3年生の2学期始業式は，1・2年生の頃の雰囲気とは異なります。受験生ということもあり，家庭学習や学習塾に行く時間が格段に増え，「楽しい夏休みではなかった」という生徒が多いからです。そのため疲れた顔をしている生徒が少なくありません。そのような生徒たちの前に立ったら，まずは表情を確認し「今日から2学期がんばろう」と語りかけながら，「最後の行事が目の前であること」「進路は『決定』する学期であること」の2点を話します。生徒たちに，「2学期はさらにがんばらなきゃ」という前向きな気持ちをもたせましょう。

鉄板トークネタ

　いよいよ2学期が始まりましたね。これから体育祭や文化祭，そして合唱コンクールなど，みんなで力を合わせていかないといけないことばかりです。きっとみんなも張り切っていると思います。3年生になってから何度も言ってきたことだけど，3年生の行事は全てが「最後」です。最後の行事はもう目の前だよ！　まずは体育祭の応援合戦の準備です。格好いい応援合戦になるように，団長の説明をしっかり聞きましょう。1回1回の練習がとても大切ですので，まだ夏休みモードの人も今この瞬間に切り替えて，悔いのない体育祭となるように力を合わせていきましょう。

　もう1つ，言わないといけないことがあります。そう，それは進路についてです。君たちにとっては耳の痛い話だと思いますが，大事なことなのでよく聞いてください。進路において3年生の2学期は「決定の場」です。そうです，この2学期は君たちの進路を正式決定する学期なのです。もしかしたら「早っ！」と感じた人もいると思いますが，残念ながらこの現実から逃れることはできません。これが3年生の宿命です。なので，もうここで観念して現実を受け入れましょう（笑顔で）。先生も君たちの納得のいく進路決定となるように，いろいろアドバイスをしていきます。どんな些細なことでも構わないので，困ったことがあればすぐに相談に来てください。

　進路については，生徒たちもわかってはいるので，あまり言いすぎると逆効果になるので要注意です。

（金子　和人）

3 行事をエンジンスタートの鍵に！

話し始める前に

　ほとんどの生徒が部活動を引退しているため，生活リズムも一気に変化し，休みボケが強くなる傾向があります。しかし，2学期は行事が多数あり，特に3年生は熱く燃える気持ちをもっているに違いありません。生活規律や進路の話より，行事に目を向けさせることで生徒の気持ちをあげていくのが効果的でしょう。何よりも，教師も一緒に楽しむこと，これが必須です。

鉄板トークネタ

　休みが終わってしまうことで憂鬱になるのは，生徒も教師も同じ。自覚しましょう。でも，教師が切り替えられなければ生徒は切り替わりません。意識的にシャキっと話しましょう。

> 　夏休みが終わってしまいました。みなさん，充実した夏休みになりましたか？　今日から学校生活が再開することは辛いですか？　はっきり言いましょう，先生も辛いですよ。1週間でもいいから休みが延長してくれないかなぁとも思っています。
> 　さて，休みが終わってしまうのが辛いのは事実ですが，みなさんは2学期が始まることが本当に嫌ですか？　実は，先生は夏休みが終わって2学期が始まることが待ち遠しくてたまらなかったのも事実です。だって，楽しみにしている体育大会や文化祭がもうすぐそこまで来ているのですから。そんなことないですか？（数名に聞いてみましょう。きっと前向きな言葉が出てきます）。さぁ，今日から行事は始まっていますよ。先生は行事に全力で向かうために，2学期のスローガンをこんな風に立てました。

　夏休みの間にスローガンを用意しておき，披露してお手本を示します。そこに込めた思いを，そして学級への思いを，ここぞとばかりにひとりの人間として熱く語りましょう。

> 　みなさんはどんな2学期にしたいですか？　どのように行事に向かいますか？　学級みんなで本気で団結して立ち向かうことができれば，一生の思い出がつくれます。一生の思い出となる行事にできれば，さらにすばらしい学級になることでしょう。あなたは，その一員として何ができますか？　その思いを込めて，2学期のスローガンを立てましょう。何事にも本気で取り組める，そんな皆さんの姿が見られる2学期を楽しみにしています。

（久保　慎也）

行事指導，空回りにご注意

最後の行事成功に向けての担任の配慮・9月

　中学3年生の学級担任は，何かと「これが最後ですから…」という言葉をつけ加えるのではないでしょうか。年度後半の時期になってくると，さらに頻繁に発することでしょう。

　このような言葉を発するのは，最後だからよき思い出となるように生徒たちに一生懸命取り組んでほしいという思いと，有終の美を飾らせたいという担任としての気持ちがあってのことだと思います。そのため，担任は必要以上に力んでしまうものです。担任の思いが，生徒の思いと一致していればよいのですが，生徒の思いがそこまで上昇していないと，担任の空回り，一人芝居と言われることになります。うまくいかなかった経験談をいくつか紹介しましょう。

去年と私たちは違います！

　合唱コンクールに向けて学級が一丸となってほしいと願っていた時期のことです。

　昨年度優勝した学級の指揮者や伴奏者がたまたま自分の学級にいて，今年度も優勝できるぞと勝手に思い込んでいたことが失敗の始まりです。ただし，伴奏者は昨年度と同じ生徒でしたが，指揮者は違う生徒でした。

　知らず知らずのうちに，何気なく昨年度と比較する言葉を口にして，今年度の指揮者や伴奏者にプレッシャーをかけていたようです。

　あるとき，指揮者と伴奏者が私のもとにやってきました。そして，次のように言ったのです。

　「先生，去年とは学級が違います。私たちも違います。どうして優勝して当たり前のように言うのですか」

　この訴えにビックリしました。「優勝して当たり前」などと口にした覚えはないのですが，ちょっとした言葉から，私がそのように思っていると，指揮者や伴奏者が感じていたようです。

　「ごめんなさい。そのようなつもりはないよ。でも，そのように思わせていたのなら，心から謝るよ」

　と，言葉にしました。伴奏者は涙を流していました。相当なプレッシャーを与えていたことを初めて知り，深く反省しました。

体育大会の種目決め

　学級対抗の形式をとっていた我が校の体育大会ですから，だれがどの種目に出場するかで，学年優勝が左右されます。そのため，できるかぎり適材適所に種目エントリーをしてほしいと心の中で願っていました。

　種目決めの学級会のときです。長距離走が得意なＡ男が，今年はハードル走に出場したいと言い出しました。Ａ男なら長距離走で上位に入るので，学級得点が加算できるのにと思ったときです。

　教卓の前に座っていた女子から，**「先生，種目選びは自分の希望を優先すると決めました。先生，反対したいって顔をしていますよ」**と言われてしまいました。若気の至りです。

私たちは日陰の手芸部です

　我が校の文化祭は２日間にわたって行われます。学級としては合唱コンクールがメイン，文化系の部活動は，体育館で発表したり，展示会場で作品を発表したりする場となります。また，名人会と称して，生徒の有志による様々な出し物があります。

　文化祭前日に，失敗したことがあります。

　「明日からいよいよ文化祭が始まります。明日の合唱コンクールではここまでがんばってきたのですから，自然体で歌えば，きっと感動してもらえる合唱になると思います。文化部の発表は，演劇部の劇が今年も楽しみですね。科学部は楽しい化学実験があるようですね。そうそう，名人会にも出場してくれる人がいて，本当に楽しみです」

　このように話したようです。

　その日の夕方，学級日誌を見て，すぐに謝らなければいけないことに気づきました。学級日誌の最後のコメント欄に**「手芸部が文化祭で作品発表することを言ってもらえませんでした。私たちは日陰の手芸部です」**と書いてあったからです。

　顔から一気に血の気が引いた瞬間でした。自分の配慮のなさに自分が嫌になりました。もちろんすぐに生徒の自宅へ電話をしましたが，本人は塾に行っているとのことで話すことができませんでした。保護者に事情を話し「遅くに電話してもよいですか」と確認したのですが，「私から先生の気持ちはしっかり伝えておきますから大丈夫です」と言われ，電話をしませんでした。翌日，**本人に会っても，何だか自分とは距離ができたという感じがして**，やはりその日のうちに話しておくべきだったと後悔しました。

　最後の行事指導。担任も気合いが入ってしまうからこそ，その生徒たちへの細やかな心配りを忘れないようにしたいものです。

（玉置　崇）

生徒指導コラム

合唱コンクール，最悪の幕開け！？

産みの苦しみ，合唱コンクール

「合唱を平和につくることはできない」，これは，ある卒業生が作文に残した言葉です。

確かに毎年合唱コンクールは，美しい合唱にまとめあげたいという生徒と，合唱練習なんかには真面目に取り組めないという生徒との価値観がぶつかり合い，それまで学級にはなかった対立が生まれるものです。特に３年生ともなれば，前者は中学校生活最後の思い出になる最高の合唱コンクールにしたいという思いが，後者は高校進学を控えて別のことに時間を費やしたいという思いがそれぞれ強くなり，ますます対立が激しくなります。

しかし，その対立を乗り越えたときには，それまで以上に深い人間関係が育まれます。逆に言うと，合唱コンクールの練習に入る前の人間関係は，対立はなかったけれども表面的で，チームとして困難を克服するだけの人間関係ではなかったということです。

つまり，**合唱コンクールは，それまで表面的だった人間関係を，真にひとつのものをつくりあげていくことができる人間関係に高めていく価値のある取り組み**なのです。

合唱コンクールは「競い合い」にあらず

コンクールという言葉のニュアンスから，合唱コンクールは「競い合い」というイメージで捉えられがちです。しかし，「競い合い」と捉えると最後まで理解し合えないまま終わってしまいます。

合唱そのものは競い合うものではなく，響き合うもの・共感し合うものです。そもそも合唱コンクールは，各学級が共感的につくり上げた合唱を互いに披露し合う場であり，合唱発表会と言った方が適切でしょう。結果はあくまでも付録です。

私が校長のとき，ある若い音楽教師がテノールの発声を見てほしいと指導を求めてきました。この教師は声楽が専門で，ソプラノの発声指導では実力を発揮していました。しかし，独唱と同じ発声法を指導するので，互いに声を張り合い，その結果，喉の弱い生徒，特にテノールからつぶれていってしまうのです。

そこで，男子だけを集めた発声指導では響きを大切にすることだけを徹底しました。すると伸びやかで柔らかく，遠くまで届く響きだけの声に変わっていきます。ところが独唱と同じ発

声法の指導を受けた女声と合わせると，ついついそれに対抗してもとに戻ってしまいます。「競い合うな」「響きだけで包み込むように」と何度も言ううちに，次第に声が溶け合っていくようになりました。

　合唱指導の醍醐味は，競争ではなく共感の関係を築き上げることです。例えば練習時間の確保においても，互いの都合を何とかしてあわせようという共感的な姿勢が大切になります。このような共感的な関係ができたとき，勝ち負けを超えた充実感が味わえるのです。

中学生を本気にさせる

　どの学級でも練習当初は人間関係がぎくしゃくするものです。

　あるとき，合唱練習がなかなか軌道に乗らない学級の前を通り過ぎると，たまたま合唱練習について熱く語る担任の声を耳にしました。

　「合唱コンクールはドラマです。よい合唱を目指して，一人ひとりが最大限の努力をすることで『この学級でよかった。この学級は自分の誇りだ』と思えるように展開していくドラマです。…でも，今のみんなの状態は最悪です。練習に集まることすらできていません。ドラマの序章は『最悪の幕開け』です。でも，この後，みんながどんな第１章，第２章をつくっていくのかが楽しみです。最終章はどんな題になるでしょう。感動的な展開を期待します。…」

　後に，「この話をしているとき，あまり協力的でなかった１人の生徒の目がきらりと輝いた」と担任から聞きました。結局この学級は，この生徒のはたらきで最優秀賞を手にしました。**中学生を本気にさせるのは，やはり担任の話術**です。

充実感あふれる最終章にしたい

　「今年の時間の進み方は，去年よりも早かった気がします。去年よりも学級のことを考えたりいろいろなことにチャレンジすることができたりしたので，充実していたのだと思います。特に，合唱コンクールでは練習時にすれ違ったりぶつかり合ったりしましたが，仲間の前に立って指示を出すことができました。大変なこともあったけど，全て仲間がいたからこそできたことです。悩んで，そして信頼できたからこそ，最高の合唱が創れたと思います。僕は，今まで支えてくれた仲間や先生に感謝しつつ，中学校ではチャレンジできなかったことにもチャレンジして，これからの人生を歩んでいきたいと思います」

　ある３年生の作文（抜粋）です。**すれ違い，ぶつかり合い，悩んでそして信頼する，その過程に担任も参加することで，充実感にあふれる最終章にしたい**と思います。

（野木森　広）

8章

秋の行事指導のポイント＆アイデア

「合唱コンクール」
指導のポイント＆アイデア

✓1人1役で責任ある行動と協力する姿勢を育てる

　合唱コンクールに関する仕事を学級全員に割り振り，1人1役で誰もが輝けたり，学級を支えたりできるようにします。その中で「支えられること」，「支えること」をお互いに学ぶことができるようにします。

✓自分たちで決めて自分たちで守る

　練習時間などの活動内容は，全員で決めさせたり，代表者による話し合いを学級で確認したりするなど，自分たちで決めさせます。その際，学年や学校のルールを確認して学級間で差が出ないようにしましょう。

✓トラブルは成長の機会と捉えて向き合う

　取り組み期間の長い合唱コンクールの練習過程では，「うまく練習ができない」「パートで差がある」などの課題はつきものです。内容にもよりますが，学級の成長の機会と捉えて，可能な限り時間をかけて話し合いをさせましょう。

✓他の学級や1・2年生との交流の場を設定する

　合唱がある程度できあがったら，他学級や他学年との交流を積極的に行うようにします。交流することで，人に聴かせる合唱になります。特に1・2年生との交流は，3年生としてのプライドをもって，後輩へのよき手本となることが望まれます。

✓本番終了後は，代表者を労い，お互いを労う

　パートリーダーなどから「みなさんのおかげでここまでやってこられました」など一言ずつ言わせて，担任からも「〇組の合唱は最高でした。ぜひ，卒業式後の学活で，みんなで歌いたい」と，学級でつくりあげた合唱の余韻に浸りたいものです。

✓合唱コンクールに向けての取り組みを進路指導につなげる

　入賞するしないにかかわらず，学級〇〇人でつくりあげた合唱には，他の人にはわからない苦難の道のりと喜びがあります。学級全員が達成感を得られるように取り組ませ，合唱で身につけた力を今後の進路指導に生かしましょう。

「合唱コンクール」指導のアイデア

1 4月からの取り組みを振り返るよい機会にする

　新しい学級が始まって数か月，日々の学校生活や修学旅行，体育祭などを通して学級の絆が深まっている時期であると同時に，課題も見えてくる時期です。合唱コンクールの取り組みが始まるときに振り返りの機会を設け，学級の合唱をどのようにしていきたいか話し合います。

その際，学級の実行委員にアンケートをつくらせておくと，話し合いがスムーズに進むと思います。

　話し合いをすることで課題が明らかになり，授業や係活動などにもつなげていくことができます。話し合った内容は，学級通信にのせたり，出された意見を掲示したりしましょう。

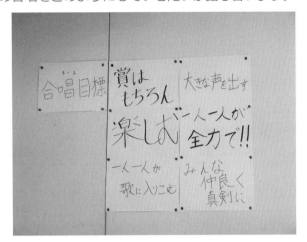

2 学級オリジナル楽譜をつくる

　練習のための楽譜をつくるとモチベーションがあがります。合唱曲は，音楽の授業で使っているテキストに掲載されていますが，表紙を学級の仲間がかいた世の中にたった１つのオリジナルにすれば，その学級らしさが出ます。デザイナーは，１人１役分担で決まった担当者でも，

学級全員による寄せがきでもよいと思います。表紙裏などに，練習予定表を入れておくと便利です。

　合唱練習スタート時期を確認して，初日から使用できるように表紙作成を始めることが大切です。

　ただし，学級によって差が出ないように，担任同士で事前に取り組み内容について情報共有をする必要があります。

　ささいなことですが，表紙色がかぶらないように相談したり，生徒に渡す日を同一にしたりするなどの配慮があるとよいでしょう。

③ 学級一人ひとりの目標を１つにまとめる

　何かに取り組むとき大切にしたいのは，PDCA サイクルです。練習期間がわりと長い合唱コンクールだからこそ，一人ひとりの決意を大切にしたいものです。「最優秀賞とるぞ」といった目標や，「協力する」といった個々の目標から，お互いに思いを共有できます。

　一人ひとりの目標から学級としての目標をつくってもよいと思います。学校として取り組んでいる場合もありますので，事前に確認しておきましょう。

　学級旗などの掲示物をつくるのは，放課後の活動になるかと思います。帰宅予定時刻などを保護者に伝えておくように指導しましょう。

④ 特別教室割り当てや練習計画を明確にする

　合唱コンクールに向けた練習計画を立てるようにします。どの時間帯なら練習してよいのかなど，学校全体としてのルールを確認する必要があります。朝練などでは，急な予定変更に対応するのが難しい生徒もいますので，予定を立てておく必要があります。学級に特別な支援を要する生徒が在籍している場合は，なお必要になります。

　また，計画を立てる際に必要なことは，特別教室割り当てを確認し，教室移動のロスタイムが出ないようにすることです。

　できあがった練習計画表を，教室のみんながよく見える場所に掲示しておき，毎朝，学活の時間に確認するようにします。

⑤ 担任からの表彰状で振り返りを行う

　生徒は，合唱コンクールに向けて1・2年生以上に熱い気持ちで自分たちの合唱をつくりあげていきます。しかしながら，コンクールなので賞状をもらえる学級は限られています。そこで，練習期間を振り返り，担任から表彰状を贈ることをおすすめします。

　協力する姿が見られたら「協力賞」，ひたむきに努力していたら「努力賞」といった形でクラスの練習の姿を言葉にすると生徒の心に入ることでしょう。

　また，取り組み期間がスタートするときに「合唱コンクール賞状掲示予定場所」を教室のどこかに設けるのも，モチベーションをあげる方法の1つです。

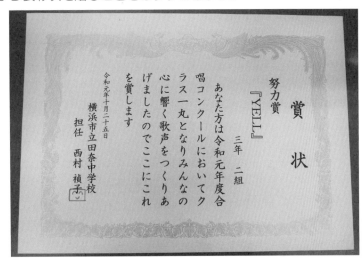

⑥ 当日の写真を教室掲示してその後の学級経営の一助とする

　合唱コンクール当日のステージ写真を教室に掲示します。合唱コンクールに限らず，進級時や体育祭などでも同じようにして学級の足あとにします。中でも合唱コンクールは，体育祭とは違い，学級全員でつくりあげる内容が多い行事です。このあと進路決定を控える3年生にとって，仲間と過ごした時間が一人ひとりの糧になるとともに学級の力になると考えます。

　楽しかったことや大変だったことを乗り越えてつくりあげた合唱を振り返り，進路選択や卒業後，それぞれが歩む道で困難にぶつかったときに思い出してほしいと伝えて，最後の合唱をして学級を閉じたいと思います。

（西村　禎子）

「合唱コンクール」
ほめて学級を育てるポイント＆アイデア

「合唱コンクール」ほめて学級を育てるポイント

✔準備でほめる

　誰が，いつ何を準備をしているのかを見ます。そこには，学級の実態が見えます。準備をしてくれている生徒や自主的に準備する行動をほめ，モデリングすることで，他の生徒も次の機会に準備に携わるかもしれません。そうやって協力の輪を増やします。

✔片付けでほめる

　片付けも同様です。伴奏者だけが電子ピアノを片付けている。パートリーダーだけがCDデッキを片付けている。それでは，学級は育ちません。生徒をよく見て，片付けに関わっている生徒をほめましょう。また，片付け方もポイントです。きちんと整頓できていたらほめます。

✔リーダーをほめる

　リーダーに一生懸命に指示を出している姿，仲間を励ましている姿などが見られたら，大いにほめます。リーダーがやる気になったり，充実感を覚えたりすると，学級の雰囲気は盛り上がります。集団には，仲間を引っ張る存在が必要不可欠です。

✔呼応する姿をほめる

　リーダーと同様に必要不可欠なのが，仲間の存在です。リーダーが指示を出したり，励ましたりしているときに，それに反応している姿が見られたら，必ずほめましょう。当たり前のようですが，こういう姿をほめることで，より前向きな集団へと変わるのです。

✔工夫が見られたらほめる

　時間の使い方や練習方法，合唱の曲想など，全ての活動の中で，工夫が見られたらほめましょう。それがお互いを高め合うことや集団のレベルの向上につながるからです。そして，工夫に意図を感じることができたらさらにグッドです。

✔時間でほめる

　決められた時間にしっかりと始められているか，終わることができているかを見ます。それができているということは，計画性があったり，自律性を養うことができたりしていると考えます。また，時間を生み出すような活動をしている場合もほめてあげましょう。

「合唱コンクール」ほめて学級を育てるアイデア

① 選曲での気づきをほめる

選曲や曲紹介文を考える際に，合唱曲に自分の学級を投影させます。その曲自体を学級に投影させることができなくても，歌詞に含まれている言葉には必ずメッセージが込められているはずです。そのわずかな言葉だけでも，自分たちと重ねさせることで，合唱がさらに学級経営とつながります。例えば，歌詞の中の「考えなければならない」「信じる」「扉を開く」などという言葉に気づき，自分たちと同じではないだろうかとか，自分たちの課題にすることはできないだろうかなどと話し合いができれば，それをほめましょう。

そういった話し合いを通して，自分たちの学級を見つめ直したり，学級の理想の姿を全員が共有したりできるようになります。

> 雪が街をうめつくす。
> 暗く，静寂に支配された街はまるで凍った心を持った私自身。
> しかし，その孤独と恐怖に満ちた街の向こうには
> 扉がみえる。
> 光が私を包み，あたたかい仲間と共に扉に向かっていく。
> 炎のようにあつく，そして力強く疾走していき，
> ついに心の扉がひらく。
> そして…
>
> 私たち3年1組は
> ひらいた扉の先には 希望であふれた未来がある。
> と考えました。
> 私たちの4ヶ月後の姿です。
> 自分自身で道を切り開く力，常に前へ前へと
> 進んでいく気持ちを込めて歌います。

② 合唱曲を大切にし続ける姿勢をほめる

1であげた写真は，合唱コンクール当日の曲紹介文にしたものですが，この紹介文には続きがあります。卒業式の日，文中にあった「4ヶ月後」のことです。

生徒たちが最後に合唱を歌ってくれたそのときに，あらためて曲紹介がありました。4ヶ月前に彼らが考えた「扉の先」の姿に，これまでの軌跡が加わり，明確な景色に変わっていました。生徒が合唱コンクール後もこの曲を大切にし続けたからこそ実践できたのだと思います。

もちろん，合唱をたった1回の機会で終わらせず，こうして卒業のその日まで大切にし続けたことを，担任としておおいにほめました。

> 雪が街をうめつくす。
> 暗く静寂に支配された街はまるで凍った心を持った私自身。
> しかし，その孤独と恐怖に満ちた街の向こうには 扉がみえる。
> 光が私を包み あたたかい仲間と共い扉に向かっていく。
> 炎のようにあつく，そして力強く疾走し，ついに心の扉をひらく。
> そして…
> 扉の先にあったのは，みんなの笑顔で明るく照らされる教室。
> その中でたまに聞こえる鋭くも優しい怒号。
> 3年1組で武田先生と共に歩んだ日々は，流星群の如く
> 過ぎていった。
> ですが，そんな日々も もう終わりを迎えようとしている。
> 私たちがつくり上げてきたネギマに最後の味付けを
> 歌声で

③ 自分たちだけの合唱コンクールをつくらせてほめる

　合唱コンクールを学級経営に生かすのは，合唱をつくりあげる過程だけになりがちです。それでは，コンクールの結果が出た時点で区切りとなってしまいます。そこで，合唱コンクールが終わった直後などに，オリジナルの合唱コンクールを開いてみてはどうでしょう。

　審査項目を変えましょう。より学級経営に生きる項目をつくるのです。そして，審査員は担任です。2学期や3学期のお別れ会などで企画すると，活動に味が出ます。リーダーたちや学級全員で活動のねらいを定めて，審査項目や審査員を考えてみるのも効果があります。担任として，音程や発声といった音楽的な面以外で，学級の生徒のよいところをほめましょう。

3年1組だけの合唱コンクール

審査員名前（　　　　　　　）

出演順　1番　　　　　　1組【流れゆく川】
審査項目内訳　　　　　　（各10点満点）

1　歌っている時の君たちの表情(10)	2　クラスの一体感(10)	3　歌い終わった後の君たちの生き生きとした表情(10)	合計(30点満点)
点	点	点	点

講評　クラスへのメッセージ等

④ 心を込め，受け取る姿をほめる

　何事にも価値があります。価値を与え，ほめるべきです。合唱は，ただ審査をしてもらい，結果によって一喜一憂するものではありません。合唱のよさの1つは，心を込めることができるところです。そんな合唱を，コンクールの際に審査員に披露するだけで終わらせるのはもったいないです。一番身近な仲間にプレゼントしてみませんか。合唱で生徒と生徒の心をつなぐという価値を見出すのです。

　実践例として，合唱シーズンに誕生日がある生徒や，転校する生徒（下の写真はそのときの様子）などに合唱を贈りました。大切な仲間に向けて歌うと，これまでよりも心が入ります。聴く側の生徒も，その心を受け取ります。時には涙して歌ったり，聞いたりする姿が見られます。生徒の心が育ちます。

5　掲示物の工夫をほめる

　合唱曲をモチーフに掲示物を作成しましょう。下の作例は，歌詞に出てくる教会や樹氷など
を生徒たちがデザインしただけではありません。それに加えて，折り紙でつくられた一つひと
つの雪の結晶に，学級の仲間に対するメッセージが書き込まれています。担任として，こうし
た工夫に気づき，おおいにほめたいものです。

　環境は生徒や集団に大きな影響
を与えます。このような掲示物を
飾ることで，合唱に対する意欲を
高めるとともに，生徒と生徒を気
持ちの面でつなぎ合わせることが
できます。せっかくつくるなら，
できるだけ大きなものにすると教
室が華やかになりますし，メッセ
ージなどもより読みやすくなりま
す。

6　生徒が生徒のがんばりをほめる

　指揮者や伴奏者，パートリーダーは不可欠な存在
です。彼らは，きっと他の生徒よりも早い時期から
長い時間をかけて練習をしたことだと思います。ま
ずは，生徒に彼らの努力や存在の大きさを認めさせ，
感謝させることが大切です。そして，そんな仲間を
心を込めてほめましょう。

　写真のようにオリジナルの賞状をつくったり，寄
せ書きをしたりしてみてはいかがでしょうか。生徒
たちが自立してくると，自分たちでビデオレターを
企画・運営をすることも可能だと思います。渡し方
にも工夫を凝らします。学級の生徒たちで作戦会議
を行い，個性あふれるサプライズの演出を考えても
おもしろいです。実際に賞状などを渡された生徒た
ちは，本当に嬉しそうに眺めています。そんな温か
い雰囲気が，学級づくりや人間関係づくりに必要なのです。

（武田　慎平）

生徒指導コラム

人生の岐路に立つ!?　３年２学期

進路選択は生徒にとって「不安の種」だらけ

　３年生の２学期というのは，中学校生活の中でも，とりわけ生徒が不安定になりやすい時期です。その理由の１つとして，この時期は**自分の進路選択に向けて本格的に動き出す時期である**，ということがあげられます。

　中学校卒業後の進路というのは，公立中学校に通う多くの生徒にとって，初めての進路選択です。部活動を引退し，夏休みを終え，より具体的に進路を考えていくのが，３年生の２学期ということになります。初めてであるということに加え，自分で進路決定するというのは容易なことではないので，その中で葛藤や不安に苛まれる生徒が多いのも無理はありません。

「将来の生き方をイメージする」ことの難しさ

　進路の話をする際に，「どんな大人になりたいか」「どんな職業に就きたいか」をまず考えよう，というのが常套句ではないでしょうか。しかし，そもそもそれが難しいという生徒も多いのが現状です。**数年前まで小学生，何も考えずに日々遊ぶことに精を出していたのに，急に「将来とは？」という難題を突きつけられ，戸惑うのは当然のことのように思います。**

　生徒の中には，「将来何になりたいか全然わからない。どうしたらいいかわからない」と思い悩む子もいるようです。もちろん，将来のヴィジョンが明確であった方がいいのかもしれませんが，もし**答えが出なくても，考えてみること，そのものに意味があるのです。**しかし，真面目な生徒ほど，「将来を見据えた進路選択を」という言葉に縛られ，がんじがらめになっていることが多いように思います。

「理想」と「現実」のギャップ

　進路の話題自体は，実は中学校２年生の段階からでも出ているものですが，ではなぜ３年生の２学期が問題になるのでしょうか。それは，ここから，**自分の能力や適性という「現実」を直視する時期を迎えるからです。**進路の話においても，「何になりたいか」「どのような進路に進みたいか」という漠然とした話から，「どこの高校を受験するか」と，より具体性を帯びて

くるのがこの時期です。

　そもそも，「何になりたいか」の時点でつまずいているのに，「何になれるのか」という自分の可能性まで考えさせられるのですから，こんな難しいことはありません。しかし，実際には，学力面でも，自分の可能性について現実的な判断する時期に突入します。**希望や憧れがあっても，現実の自分の姿と折り合いをつけなくてはなりません。この，折り合いをつけるという作業は，大変に辛いものです。**それがなかなかできずに，不安定な精神状態になる生徒が多くみられます。

「自分の希望」と「保護者の希望」のギャップ

　進路選択において考慮しなくてはならないものの1つに，「保護者の希望」があります。進路を決定していくうえで，本人の希望が大切なのはもちろんですが，実際には，家庭の経済状況や保護者の希望も関わってくるからです。

　しかし，**思春期・反抗期の生徒たちにとって，この話し合い自体が困難である場合も多々あ**ります。中学生の保護者の方々にお話を聞くと，「家では何も話してくれない」という声がよくあがります。普段の会話ですらその状態なのですから，自分から，ましてや進路などという真面目な話を保護者にもちかけるのは，難題といえるでしょう。

　また，話し合いができている家庭でも，本人の希望と保護者の希望が一致していないことはたくさんあります。特に多いのが，保護者の希望が本人の現状よりも高いレベルである場合です。保護者は，最初から妥協させるのではなく，高い目標を提示することで，最後までがんばらせたいという思いなのでしょう。しかし，**「期待に応えなくては」と，保護者の思いを過剰に捉え，プレッシャーに感じる生徒もいるので，注意が必要です。**

進路選択は「現実の自分と向き合う」作業

　ここまでで述べてきたように，進路選択は，現実の自分と向き合う大変な作業といえます。多くの生徒にとっては初めての経験ですから，何をどうしたらよいかわからずに，迷うのは当然でしょう。この時期生徒が求めているのは，何より経験者からのアドバイスであると思います。さらに，保護者との意思疎通の橋渡しをしてあげることも，時には必要です。**生徒の葛藤に寄り添い，一緒に考え，納得のいく進路選択ができるようサポートしていくことが，3年生担任の最も大切な仕事**ではないでしょうか。

（野間　美和）

2 学期の通知表文例集

リーダーとして学級をまとめた生徒

> 級長として，自ら考えて行動し，責任をもって学級をまとめることができました。学級の現状から，やらなければいけないことを的確に級友に語り，よりよい方向に導いていく姿は頼もしく見えました。

2学期は体育大会や合唱コンクールなど大きな行事があり，学級の動きが活発になることでしょう。そんな中，リーダーが学級に働きかける場面が多く見られるようになります。その学級での一場面を思い出しながら，リーダーとしての実績を保護者に伝えましょう。

やさしい生徒

> 落ち込んでいる仲間に目を向けるやさしさをもっています。学級の話し合いでも級友の話に素直に耳を傾け，協力して活動することができました。今後も持ち前のやさしさで多くの仲間を包み込んでくれることを期待しています。

級友が元気のないときに「大丈夫？」と声をかけたり，悩んでいる級友を見守ったりする生徒は，やさしさがあり，まわりへの気遣いができる生徒です。

他の生徒から認められていない生徒

> 与えられた活動に対して常に一生懸命に取り組むことができました。また，級長や実行委員に立候補するなど，学校生活全般に主体的に取り組もうとする姿勢が立派でした。今後も，何事にも積極的に取り組み，多くの場面で活躍することを期待しています。

役員選挙など積極的に立候補をするけれど，票が集まらずいつも落選してしまう生徒はいませんか。主体的に物事に取り組もうとしている姿勢はとてもすばらしいことです。そのことを

しっかりと保護者に伝えましょう。

授業で活躍した生徒

> どの教科でも意欲的に授業に参加しています。自分の考えをしっかりもち，それを積極的に伝えることができました。また，柔軟性があり，他人の考えを取り入れ，自分の考えをよりよいものとすることができました。

　授業での様子を保護者に伝えるには，担任の教科以外の授業での様子を知る必要があります。他教科の教科担任から授業での様子を聞いたり，実際に授業の様子を観察したりして，正確に子どもの姿を把握しましょう。

休み時間でも自分の座席に座り，学習している生徒

> 温和な性格で常に穏やかに学校生活を送ることができました。また，時間を見つけて課題学習に取り組んだり，進学に向けての学習をしたりするなど，学習に対して前向きな姿勢で，学習に日々取り組むことができました。

　2学期になると進路を意識し，いつも自分の座席に座って教科書を眺めていたり，課題に取り組んでいたりする生徒が見られるようになります。学校ではしっかりと学習に取り組めていたことを保護者に伝えましょう。

進路に迷っている生徒

> 卒業後の進路について日々悩みながらも，自分の可能性について深く考えることができました。どんな自分になりたいのか，そのためにはどんな進学先に進むべきなのか，こうやって悩んで考えたことは○○さんの財産となると思います。最終的に決断するのは自分自身です。もう少しだけ考える時間があります。じっくりと考えましょう。

　進路希望がなかなか決まらない生徒に，すぐに決断しなければいけない状況を保護者に伝えるとともに，自分自身でしっかりと進路決定をしなければならないことを伝えましょう。時間がないからといって，安易に考えるべきではないことも伝えたいことです。

体育大会で活躍した生徒

> 体育大会では，3年間で初めて挑戦する走高跳に出場しました。体育の教科担任にどうしたら高く跳べるかを熱心に聞いたり，何度も自分のフォームを確認したりするなど質の高い練習を行い，その結果，1m55cmというすばらしい記録を残すことができました。

　体育大会で校内1位になるなど，すばらしい成績を収めた生徒には，その結果に至るまでの本人の努力の様子を保護者に伝えましょう。「体育大会では，1m55cmという記録を出し，見事1位に輝きました」など，保護者が知っている事実だけの記述は避けましょう。

合唱コンクールで活躍した生徒

> 合唱コンクールに向けて，よりよい合唱にしようと，級友に呼びかけたり，合唱活動の内容を工夫したりと，活躍することができました。合唱コンクールでホールに響いたあのすばらしい合唱をつくりあげた立役者の1人です。

　行事での姿は保護者が参観し，その姿を周知していることが多いと思います。その姿になるために，本人が学級でどんな関わりをしていたのかを伝えることが大切です。「合唱では，大きな声で歌い，その結果，最優秀賞に輝くことができました」のような漠然とした所見は避けましょう。

不登校の生徒

> 9月に○○さんと進路について話をしたときには，将来の自分の姿を考えることができず，進路も白紙の状態でしたが，目標を見つけ，その目標に向かって歩き出しました。その姿に大きな成長を感じます。

　何気ない言葉が不登校の生徒を傷つけてしまうことがあるので，注意しましょう。「学校に来ることを期待しています」とか「活躍してくれることを期待しています」という言葉を重く感じ，ますます学校への敷居が高く感じる場合があるようです。電話連絡や家庭訪問から見取った子どもの姿を保護者へ伝えましょう。

（森川　晋平）

9章

章

学級
グレードアップの
アイデア

「教室環境」
グレードアップのアイデア

① 空き教室の美を保つ

　美術や音楽などの移動教室の際，誰もいなくなった教室を美しくします。具体的には，机の上には何もない，机や椅子を整頓する，板書は消す，窓は閉める，といったことです。教師は授業の準備がありますので，休み時間にこれだけのことはできないかもしれません。そこで，生徒に分担してやらせます。級長は戸締り，美化委員は机の整頓といった感じです。生徒に任せることで，ほめる材料にもなりますし，それを手伝う生徒も自然と出てきて，学級の整理整頓の意識が高まるだけでなく，団結力も高まります。

　また，これを１年間続けると，学級・学年の財産になり伝統にすることもできます。社会に出ても，使った部屋を空ける場合は，整理整頓しておくことは当たり前です。中学校は社会に通用する感性を磨く場であることを，こういった場面でも意識させることができます。

② たくさんの教師の目で，学級・学年をよくする

　前ページで空き教室の美について書きました。その続きの話になりますが，学年の教師で分担して，空き教室の黒板の隅にメッセージを書くとよいと思います。教室が美しく整っていれば「とても美しいです。この部屋の住人の意識の高さが伺えます」といったメッセージや，行事が近ければ，「修学旅行が近い！　時間を意識して生活しよう！」といったメッセージもよいと思います。時には，厳しいメッセージも必要ですし，卒業が近くなれば涙を誘うようなメ

ッセージもよいでしょう。担任以外の教師のメッセージは学級の生徒にとっては新鮮であり，いろいろな教師が自分たちを見てくれているという安心感にもつながると思います。担任もそのメッセージを見ることで，学級の生徒のがんばっている姿や，弱い部分が見えてきます。何より，「この学年は学年の先生全員で見ているんだ」という一枚岩の部分を，教師も生徒も感じることができる取り組みです。

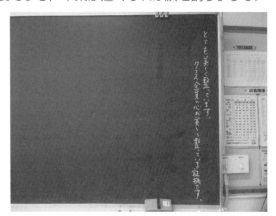

③ カウントダウンカレンダーで感謝の気持ちを伝える

　学級の生徒が35人いれば，35日前からカウントダウンを始めていきます。1人1枚画用紙を配り，そこには「あと○日（大きめに）」「みんなへの感謝のメッセージ」「今日の予定」を必ず書いて，あとはイラストなどできれいに仕上げます。順番は出席番号順でも，行事予定にあわせてでも，くじでもよいと思います。「卒業式当日」のカレンダーは担任が作成してもよいです。カレンダーは，残りの日数に合わせて貼りますが，担当の日が終わったら，その画用紙を教室の壁に順に掲示していきます。それを学級の生徒が見ると，刻一刻と卒業が近づいていることも実感できますし，残りの学校生活を大切にしようという気持ちや感謝の気持ちも生まれてきます。

　卒業式当日は，黒板に全員分のカウントダウンカレンダーを貼っておきます。より一層，感謝の気持ちに満ちた卒業式になると思います。卒業式前にじっくりと一人ひとり感謝の気持ちを述べる時間がない場合，カレンダーにすると形にも残りますので，おススメです。

（深澤　成雄）

「掃除」
グレードアップのアイデア

❶ 生徒の手で掃除の質を高める

　生徒の力を借りて，掃除の質をあげる方法があります。例えば生徒会が，あるいは美化委員が掃除時間に各掃除場所を回ります。そこで見つけた光る姿を放送や，集会，たよりなどで全校に広めます。許されるのであれば，実名で紹介することで，よりリアリティが増して効果もあがります。よい姿をどんどん広めることで，「自分でも○○くんのようにがんばってみようかな」という気持ちになる生徒が１人でも増えたら幸いです。

　また，３年生が１年生の掃除場所に行き，掃除の仕方を教える。その逆で１年生が３年生の掃除場所を見学に行くといった縦の関係を重視した取り組みもよいと思います。卒業生を送る会等で，３年生が１年生に掃除について語る場面があると，掃除が学校の伝統や文化としていつまでも残ることと思います。教師が生徒のそばで一緒に掃除をすることも大切ですが，ぜひ生徒の力を借りて，掃除を変えていきましょう。

2 キャンペーン活動でテコ入れする

　年度が変わったばかりのときは，緊張感もあり黙々と掃除に取り組んでいても，学校生活に
だんだん慣れてくると，掃除に身が入らない生徒が出てきます。そこで，キャンペーン活動を
仕組みます。キャンペーンの内容はあまり欲張らず，できたかどうかがはっきりするものにし
ます。例えば，「１人も私語をしないで掃除をする」といったものです。

　生徒会主催としても，夏休み前の学年のリーダーによるしめくくり活動としてもよいでしょ
う。頻繁に実施すると生徒も飽きてしまいますので，ここぞというときに仕組むようにします。
全学級ができるまでやるといったとことん取り組むタイプ，期限を決めてポイント制で競うタ
イプなど，状況によっていろいろなやり方があ
ります。

　キャンペーンですので，どんどん盛り上げて，
学年・学校体制で掃除を変えるつもりで取り組
むとよいと思います。大切なのは，このキャン
ペーンを通して，生徒の掃除に対する意識が変
わった姿を見逃さないことです。結果よりも経
過が重要です。

3 巣立ち活動を通して，後輩の掃除の意識を変える

　卒業間近になると，巣立ち活動を実施する学校も多いと思います。３年間使った校舎に感謝
の気持ちを込めて，全ての廊下を無言でひたすら磨くといった活動をしてみてはいかがでしょ
うか。３年生の生徒全員にメラミンスポンジを配り，廊下を全クラス分に均等になるように区
切り，時間いっぱいひたすら磨くのです。できれば，１・２年生が定期テスト等で下校した後
など，後輩がいないときがよいです。翌日，登校すると磨いた跡がたくさん残っていて，きれ

いになっていることに後輩たちは必ず気づき
ます。そこで，３年生の廊下を無言で磨く姿
を教師たちが紹介するのです。きれいになっ
た廊下を見て，「汚してはいけない」「掃除を
きちんとやろう」といった気持ちになるはず
です。「背中で語る」ではないですが，３年
生から後輩に掃除の文化を引き継ぐことがで
きます。

（深澤　成雄）

「日直」
グレードアップのアイデア

① プラス1の整理整頓をする

　たくさんの生徒が一緒に過ごす教室。毎日清掃の時間がありますが，わずかな時間でも少しずつ散らかってくるものです。授業の合間，日直は黒板を消した後にプラス1で，教室の整理整頓をするようにしてみましょう。

　例えば，カーテン。使用していないときはそっと束ねます。ロッカー。はみ出した荷物をきちんと入れ直します。教室の机。さようならをした後で，机をきれいに並べてから教室を出ます。

　ささやかなことですが，こうした手間で教室環境を美しく保つことができます。

2 チェックリストで仕事忘れを防止する

日直の仕事に慣れてくると，油断したり委員会の仕事などと重なったりして，日直の仕事を忘れてしまうこともあるかもしれません。チェックリストで仕事忘れ予防をしましょう。

チェックリストはラミネートしたものを準備し，学級日誌の裏表紙に貼りつけます。チェックはホワイトボード用のマーカーを使って行います。日直は終えた仕事にチェックを入れます。学級担任はそのチェックリストを確認した後，ホワイトボードクリーナーでチェックを消して，次の日直へ渡します。

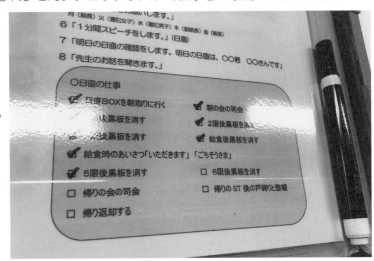

3 世界に1つだけの学級日誌を作成する

学級日誌の記入は，日直の仕事の定番です。「最後の」という枕詞が多くつく中学3年生。この年だからこそ，義務教育最後の思い出としてこだわった学級日誌を，学級のみんなと学級担任が協力してつくりあげましょう。

記入するテーマや内容は学級独自のものにしましょう。自発的な記入を目指すことで，帰属意識も高まり，団結力も強くなるはず。学級担任の一筆も必須です。

世界に1つだけの学級日誌。同窓会や成人式で再会したときに読み返し，大切な1年を振り返ることができる，そんな1冊をつくりあげたいですね。

（岩田　光功）

「朝・帰りの会」
グレードアップのアイデア

❶ 担任が自分自身の話をする

　会の終わりには，学級担任からの話が不可欠です。特に３年生に対しては，彼らの未来につながるよう，担任自身の話をするのがよいと思います。

　卒業に向かって生徒たちの気持ちが少しずつ高まってきます。同時に，進路選択や将来に対して漠然とした不安な気持ちにおそわれることが多くなります。

　学校生活についての指導はもちろんですが，折々に聞いた担任の経験談も大切な思い出になることでしょう。

❷ リーダーに今日の目標の設定と，振り返りを発表させる

　朝の会で，前日までの成果や1日の予定から，リーダーに今日の目標を設定させます。これは，生徒の自治的な意識を高めていくことにつながります。同じような目標ばかりにならないよう，行事を意識させたり，学習・生活の両面から考えさせたりしましょう。リーダーを育成するためには，学級担任のフォローが不可欠です。

　また，帰りの会では，朝の会で設定した目標に対する振り返りを行います。振り返りは事実をもとに，できていた点や新たに見つかった問題点，そしてどうしていけばよいのかをリーダーに発表させます。そうすることで，学級の取り組みや自己の活動を見つめ直し，生徒同士が明日以降も協力し合い，学級で向上心のある生活を送ろうとする雰囲気をつくり出します。

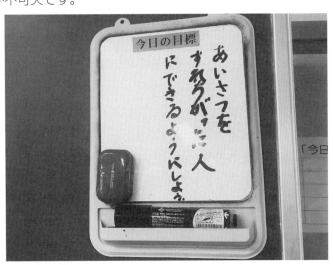

❸ 新聞の一面記事の感想を発表させる

　我が校ではNIE（学校などで新聞を教材として活用すること）を取り入れ，各学級に新聞が配付されています。新聞活用の定番とも言えますが，記事内容の要約や感想を発表することで，時事問題に触れる機会を増やすことができます。

　生徒たちは，卒業後の進路を意識し始めます。入試では「面接」を行うところも多いです。よく聞かれるのは，「最近気になったニュースはなんですか」という質問です。勉強時間を確保するため，ニュースや新聞を読む時間があまりとれない3年生にとって，この発表は大切な情報源になります。

（岩田　光功）

生徒指導コラム

卒業期前の，生徒の意識の差

入試をめぐる生徒たちの状況

　2学期の後半から3学期にかけて，生徒たちの「入試」に対する意識はより高まり，ともするとピリピリとした雰囲気になってしまいます。

　都道府県や地域によって，入試制度やその時期にはかなりの違いがありますが，生徒たちの意識にはそれほど大きな地域差があるとは思えません。

　受験先を決める時期の生徒の様子，進路が決まった一部の生徒の変化など，担任が指導や対応を考えておくべきポイントはいろいろとあります。

受験先を決めていく時期には

　地域によって時期の差は多少あるかも知れませんが，2学期の後半は一部の高校の受験先を決める時期だと思います。

　愛知県の場合，12月に私立高校の受験先を決定します。ここでもケースはいろいろと分かれます。

　一般的に私立高校のみを受験する場合には，私立高校の推薦入試を受けることになり，合格すれば，その高校に進学が決定します。したがって，受験先イコール進学先ということになり，受験先はかなり慎重に選択しなければいけません。その際，すんなりと決まる場合もありますが，保護者と本人とで意見の食い違いが起こることも少なくありません。学級担任としては双方の話をよく聞くなど十分な配慮が必要です。

　また，公立高校を第1希望とする場合には，私立高校の一般入試を受けることになります。このときの私立校受験は，複数校の受験が可能ですから，どの高校を受験するのか悩むところです。万が一のために，1校は合格の可能性が高い高校を選んでおきたいところです。ここも学級担任として配慮がいるところです。

　さらに，こうした私立高校の受験先を決定する時期に並行して注意すべきこともあります。それは，数は少ないかもしれませんが，就職希望の生徒や進路自体を諦めている生徒への配慮です。受験先を決めるという雰囲気一色に包まれる時期ですから，**決して肩身の狭い思いをさせないような細心の心配りや，最後まで進路を諦めさせない粘り強い指導が必要**です。

いずれにしても，生徒の気持ちに寄り添った面接や，保護者との連携が必要なことは言うまでもありません。

この時期の生徒たちの気持ちは進路に向かって集中しているので，担任が「みんなで合格を勝ち取ろう。進路希望実現のために協力し合ってがんばろう」と方向性を揃えることは容易です。学級全体の学習意欲や協力する気持ちを高めやすい時期といえます。

私立高校入試後，合格発表後の時期には

私立高校の入試が終わって，合格が発表された後に学級の雰囲気が一変することがあります。

それは，受験先を私立高校１校に絞って推薦入試を受け，合格した後の生徒たちの変化です。つまり，進学先が決定した安心感から来る学習意欲の低下による雰囲気の変化です。こうした事態を想定し，受験前から事前指導をしておきますが，合格後，再度きちんとした指導をしましょう。特に，学習意欲の低下は，次の２つの理由から厳に防がなければなりません。

１つ目の理由は，その生徒自身のためです。**4月からの高校生活をより充実したものにするためにも学習は大事な要素**です。高校でより難しくなる教科内容を理解し，しっかりとついていけるように，合格後も中学校の学習内容の定着を図る学習を継続させたいものです。

２つめは，他の生徒たちのためです。私立高校の推薦合格を勝ち取っても，しっかりと学習に励む姿は他の生徒たちの手本となります。特に，これから本命である公立高校の受験を控えた生徒たちは，気持ちに余裕がなくピリピリしたり，訳もなく焦ったりしている時期です。そのようなときに，教室の一部で学習に向かう姿勢が見られない生徒がいたとすると，生徒間での軋轢や，いさかいにつながることも考えられます。これまでと同じように，みんなで協力して学習に向かい，受験を乗り越えようと励まし合う学級の雰囲気を大切にしたいものです。

このように，受験はその生徒のがんばりによって合格を勝ちとる，いわば「個人戦」であると考えることが普通です。しかし，学級担任の立場から考えれば，**受験に対して，みんなで学力を高め合う雰囲気をつくり出したり，みんなで励まし合い協力して乗り切ったりする，いわば「団体戦」であるともいえる**のです。

３年生の３学期の学級が，こうした雰囲気の学級になるような働きかけや援助を年度当初から意識して継続的に指導することは，３年生の学級担任の根幹だと思います。そして，担任として，こうした学級をつくるための指導力と生徒や保護者との信頼関係を築くため，常に努力し，自らの資質を高めたいものです。

（石川　学）

生徒指導コラム

担任の思いは生徒に伝わらず

義務教育最後の時期は口うるさくなる

　3年生のこの時期は義務教育の最終場面ですので，担任は生活面でも，きちんとさせたいという思いが強くなります。そのため，以前は腹の中に収めておくことができていた事柄も，つい気になって，指導することが出てきます。そこには，3年生として誇れる姿にしたいという担任の思いがあります。

　しかし，生徒にとっては，今まで指摘されなかったことに小言がくるわけですから，不満を抱かせてしまうこともあるようです。このことは，校長や教頭という立場になってよくわかるようになりました。というのは，生徒は担任には直接伝えず，周辺の先生にぼやくからです。

　校長時代に，職員室で苦笑いをしている学年主任に何かあったのかと尋ねたことがあります。

　「校長先生，〇先生が最近おかしいと生徒が言いにきたのです。やたら怒るようになったというのです。家庭で何かあったのではないかとまで言うんですよ」

　これには私も思わず笑ってしまいました。まさに「担任の思いは生徒に伝わらず」です。つい，口うるさくなってしまうのがこの時期の生徒指導です。

生徒歴9年のベテランは教師をよく見ている

　次に示す事例は，生徒は教師をよく見ているなと感じた事例です。生徒指導をする前に教師自身が改めなくてはいけない事例でもあります。参考にしてください。

〈面接時の教師の視線〉

　3年生の後期は，次から次へ進路面接をする時期ですから，教師も落ちつかないことが多々あります。

　本来，面接は相手の表情を見ながら行うことが当然ですが，知らず知らずのうちに，資料に目を落としたまま話してしまうことがあります。さらに，生徒の目に触れさせてはいけない資料を手元に置く場合は，そちらに気持ちがいって，生徒の表情を見ることなく，やりとりをしてしまうこともあるでしょう。

　生徒は，こういった教師の事情や心情はわかりません。したがって，先生は自分たちにいつ

も目を見て話せと言っているのに，先生がこっちを見ていないじゃないか！という不満をもつわけです。実際，そのようなことを話してくれた生徒がいました。

　私も，面接の後で「彼はどんな表情をしていたのかな」と思い返して，ほとんど相手を見ていなかったことに気づき，冷や汗が出たことを思い出します。

　忙しい時期の大切な面接であればあるほど，生徒に視線を向けて話すことを心がけなくてはいけません。

〈教師卓の整理整頓〉

　校長ですから，各教室の様子を見て回ることがあります。気になるのは，教室内の整理整頓です。特に注意して見るのは，教師卓です。

　学校からの配付物，学年通信，学習プリントなどが机上に散乱している学級があります。ふと掲示物を見ると，「整理整頓」と掲げてあります。これでは生徒指導はできません。生徒は心の中で，そもそも先生がやれていない，と思っていることでしょう。

　こうしたことを防ぐ手段はあります。机上にプリント等を綺麗に置いておいても，窓から風が入り，散らかってしまうことがあります。「気づいた人は，進んで整頓をしてください」と生徒に頼んでおくのです。誰かの目にはとまるはずです。１，２度，整理してくれたことを見つけ，ほめておくと，生徒は進んで取り組んでくれます。これも生徒指導です。

〈先生たちも寝ていたのに〉

　全校で外部講師を呼んで，体育館で講演会を行ったときです。３年生は体育館の後方に床座りをしていました。

　とてもよい話でしたが，長時間の床座りはやはり苦痛を伴うもので，３年生は落ちつきがありません。私語も聞こえてくるようになりました。そこで３年生の教師が，その生徒たちに向かって目で注意をしました。生徒たちはすぐに気づき，再び講演を聞き始めました。

　体育館を出るとき，聞こえてきた声がありました。

　「先生たちはいいよね。床座りでも壁にもたれていられるから。○先生は講演中にしっかり寝ていたよね」

　さすが生徒はよく見ていると思いました。もちろん，生徒は，○先生には直接言いません。でも心の中では，「先生だって…」と思っていることは多々あるということです。

（玉置　崇）

成長を実感する

学年末の鉄板トークネタ

 1 1年間の歩みを振り返り，義務教育修了にふさわしい言葉かけを

話し始める前に

　最高学年として，様々な行事で役割を担いながら，卒業後の歩む道を自ら切り拓いてきた生徒たち。そうした姿を認め，自信となるような話をします。担任として，1年をともにできたことに「ありがとう」と伝えます。これから歩む道は，決して平坦な道ばかりではないこと，しかし地道に努力すれば乗り越えられることを，1年間を振り返りながら話します。

鉄板トークネタ

　笑顔で生徒の表情を1人ずつ確認し，ゆっくり大きな声で話します。

> 　中学3年生も間もなく終わりです。中学校修了は，義務教育修了でもあります。これから歩む道は，決して楽しいことばかりではないと思います。時には苦しいこともあるでしょう。そのときは〇〇中学校で過ごした日々を思い出してください。ともに過ごした仲間がいます。これからの進路は違ってもそれぞれの道でがんばっている仲間のこと，いつも見守ってくださるご家族のことを心にとめて歩んでください。1年間，担任としてみなさんと歩めたことに感謝しています。至らないところもありましたが，いつもみなさんに助けられ，今日の日を迎えることができました。「本当にありがとう。いい学級でした」

　担任の思いを語ったら，合唱の準備をします。机を移動して準備を整えたらみんなで歌います。指揮者・伴奏者にはあらかじめ連絡しておくことが必要です。

> 　学級〇人でつくった合唱，うまくいかないことも乗り越えて，立派な本番の姿がありました。何か困難にぶつかったら，ぜひ合唱コンクールのことを思い出してください。

（西村　禎子）

2 感謝の言葉

話し始める前に

　3年生の最後（卒業式直前の学期末）は，これまでの写真を見て成長を感じたのち，感謝の言葉を学級全員に話してもらう時間を設けます。卒業式後の学級活動で行ってもよいのですが，式の当日は学級活動の時間があまり多くないため，卒業式数日前の学級活動で行うことをおすすめします。この方が十分な時間が確保でき，落ちついて取り組めるからです。

　生徒には，事前に次のように言葉を考えてくることを指示します。

　「今度の学級活動の時間は，級友に感謝を伝える会にしたいと思っています。みんなへの感謝の気持ちや楽しかった思い出などを，きちんとした言葉で，1人30秒から1分くらいで話してもらいます。思い出に残る有意義な時間にしたいので，みんな真剣に考えてきてください」

（写真を見せることはこの場では伝えません。当日のサプライズです）

鉄板トークネタ

　まず，これまでの写真を見せて，成長を感じます。

> 　これから，この1年で撮ったこの学級の写真をみんなで見たいと思います。実は，先生はこの日のために，少しずつ準備をしていました！　みんな成長したなあとしみじみしてしまいました。席は自由で構いません。自分たちの成長を感じてくれたら嬉しいです。

　もし準備する時間に余裕があれば，1・2年生の頃の写真も見せられると一層盛り上がります。自分たちの成長を目で確認できる場があると，卒業式がより感動する場になると思います。

　次に，教師・生徒ともに，感謝の言葉を全員の前で伝えます。

> 　今から，1人ずつ，学級への感謝の言葉を伝えてもらいます。みんな真剣に聞きましょう。面白ければ笑ったり，そうだなと思えば相槌を打ったりしましょう。楽しく思い出に残る会にしたいと思います。それでは，〇〇くんから順番に前に出てお願いします。

　生徒たちの発表を聞いていると「こんなことを感じていたんだ」「以前よりも人前で堂々と話せるようになったな」など，生徒たちの成長を肌で感じます。特に3年間持ち上がって担任した場合，その感動はひとしおです。

（金子　和人）

話し始める前に

　卒業式が近づく3学期，生徒たちに話したいことは山のようにあるはずです。全てを語るには，卒業式当日では時間が足りません。残り10日を目途に，生徒に伝えたいことを毎日小出しで語ってみてはいかがでしょうか。1年間の思い出を振り返ってみたり，「あのとき」の裏話をしてみたり。生徒は精神的にも大きく成長しています。きっと，教師たちが抱えてきた生徒たちへの「思い」をくみとってくれます。卒業への実感もじわじわと湧いてくることでしょう。

鉄板トークネタ

　教師は俳優です。時にはわざと叱ったり，叱るべき場面であえて叱らなかったりしたこともあったでしょう。今こそ「あのとき」の真相を語ってみてはいかがでしょうか。その後，学級がどのように成長したのかも伝えるとよいでしょう。

> 　覚えていますか？　あの日，先生はみなさんを叱りませんでしたね。みなさんの中には，「どうして先生はこの件を叱らないのだろう」と疑問に思った人もいるのではないですか？　今だから話しますが，あのとき，先生はみなさんの力を信じて叱らなかったのです。とても勇気のいる決断でした。しかし，皆さんは先生の期待以上の力を発揮し，自分たちで過ちを正すことができました。だから今，こんなにすばらしい学級になっているのだと思います。あなたたちには，自分たちで前に進む力があります。残り○日，そんなあなたたちの力ですばらしい卒業式をつくりあげるのを楽しみにしています。

　時には，教師の苦労話もしてみてもよいかもしれません。教師も人間ですから。

> 　文化祭の合唱のとき，みなさんに「お守り」を配りました。あれ，実は3日もほとんど寝ないでつくったのです。先生は一緒に歌えません。せめて大好きなみなさんのために，学級の一員として先生ができる精一杯のことがしたくてがんばりました。みなさんも，これから生きていく中で誰かのために自分のできることを見つけて実行できる，そんな人間であってほしいです。

（久保　慎也）

3 学期の通知表文例集

級友からの信頼が厚い生徒

　図書委員会や清掃活動では，自分に与えられた役割を責任をもって果たすなど，一つひとつのことに対して，きちんと取り組むことができるため，級友から信頼されていました。汚れている床を雑巾で黙々と磨いている姿はとても印象的でした。

　まわりから信頼されていることは保護者に是が非でも伝えたいことです。その際，なぜまわりから信頼を得ているのか，その理由についても伝えましょう。

公正公平な生徒

　進路選択では，事実に基づいて客観的に判断し，考えることができました。話し合いの中でも，感情に流されることなく，いつも公正に判断することができます。自分の損得にこだわらず，冷静に判断する力をもっているので，級友からの信頼を得ていました。

　公正公平な様子を保護者に伝えるためには，「正しい判断力」「公平な態度」「客観的に判断できる」「感情に流されない」「善悪の区別がある」などの言葉を組み合わせながら，具体的な場面を明記するとよいと思います。

まわりに流されてしまう生徒

　何ごとにも仲間たちと楽しく取り組みたいという気持ちがひしひしと伝わってきた１年間でした。新たな環境でも，清掃活動にしっかりと取り組むことができるという長所を大切にしつつ，自分の意志をしっかりともった言動を心がけてほしいと思います。

　自分の意思が弱く，ついつい楽な方に流されてしまう。そんな気持ちに共感しながらも，成長を促す言葉を伝えましょう。

学習への意識が高まってきた生徒

　理科の授業では，意欲的な挙手や発言が多く見られるようになり，学習面での意識の高まりが感じられました。新たな環境では，中学校で3年間がんばることができた自分に自信をもって，さらなる飛躍を期待しています。

　担任による授業の様子は，1年間を通じて継続観察することができます。例えば，発言などを記録しておくと，1年間の変化に気づくことができます。1年間，あるいは中学校生活3年間で成長したことを保護者に伝えることができたら，それはすばらしいことです。

伴奏者として活躍してきた生徒

　学年末の門出の会の伴奏者に立候補し，学年最後の合唱をつくりあげることに大きく貢献することができました。時間を見つけながら伴奏の練習をするなど，学習と伴奏の両立を果たす姿は見事でした。また，3年間を通して，学級や学年の中心となって合唱活動に携わってきた姿からは，学級や学年のために尽くしたいという熱い思いが感じられました。

　ピアノ演奏が得意で，合唱コンクールなどの行事で常に伴奏者として活躍してきた生徒はいませんか。伴奏者は，歌い手よりたくさんの時間を合唱のために使っています。始業前や休み時間，課外などの時間を使って音楽室などで練習する姿を目に浮かべながら，その生徒の思いを想像しましょう。

進路に向かって学校生活に改善が見られた生徒

　自分の進路を意識することで，自分の学校生活の全ての面にわたって改善が見られました。時間や身だしなみに注意を払い，学習に対しても前向きに取り組む姿に成長を感じました。今後も地道な努力を怠らず，一歩一歩前進し，自分の可能性を広げてくれることを期待しています。

　規範意識が低く，遅刻を繰り返したり服装に乱れがあったりする生徒も，卒業期になると改善が見られることがあります。その成長を捉え評価するとともに，よい行動を習慣にしてほしいというメッセージを送りたいものです。

文集制作で活躍した生徒

> 文集委員として，アンケートをとって学級の仲間の意見を反映させたページを作成するなど，持ち前のユニークなアイデアや柔軟な考え方で活動できました。○○さんのおかげで，学級や学年の仲間たちの思い出の1冊となる素敵な文集が完成しました。

　卒業期になると，文集を制作している学校があるのではないでしょうか。文集制作は生徒の創意工夫が表れやすい場面です。文集を制作した事実だけではなく，どのように取り組んでいたかを具体的に伝えましょう。もちろん，創意工夫の視点ではなく，公共心や公徳心，勤労奉仕の視点でも構いません。

後輩から慕われている生徒

> 持ち前の面倒見のよさから，学校生活では後輩から声をかけられている場面をよく目にしました。○○さんのおかげで，悩みを解決することができた後輩も少なくないようです。また，○○さんみたいな先輩になりたいという声も聞こえてきました。△△学校のよき伝統は，○○さんを通じて，しっかりと後輩に引き継がれていると感じます。

　影響力があり，後輩から慕われる生徒は貴重な存在です。そんな先輩の姿を見て，その先輩みたいになりたいと思う生徒の存在によって，学校のよき伝統が保たれる側面があります。子どもが学校に残した大きな痕跡を保護者にしっかりと伝えましょう。

最後まで人間関係がうまくいかなかった生徒

> 人の気持ちになって考えたり，人のことを考えて行動したりするすばらしい姿が随所に見られました。その姿は仲間をとても大切にしていることを物語っていると思います。今後も広い視野をもって，たくさんの人と出会い，出会った人とともに大きく成長してくれることを願っています。

　人間関係に悩んだ生徒は，それだけ他人のことについて考えたり，関係を改善しようと行動したりしたことでしょう。そんな苦悩した姿へ肯定的に共感しながら，未来への希望を伝えましょう。

（森川　晋平）

卒業式

成功のための
6つのポイント

1　担任が卒業式の意味を語る

　卒業式の練習の前に卒業式がもつ意味を語ります。なぜ式練習が必要なのかを生徒が理解したうえで参加することで，式練習の質が向上します。プラスの評価ができる場面が増えます。

2　先輩として後輩にどのような姿を示し語るのかを考えさせる

　卒業式は，卒業生があこがれの対象とされるような姿を言葉や表情で見せることができる最後のチャンスです。式練習では，在校生からどのように見られているのかを意識させます。

3　自分の未来を描けるようにする

　人は目標をもったときに次の行動を起こします。卒業式後の未来を自分で描けるようにすることで，生徒自身がより前向きに卒業式に向かうことができます。

4　教室の環境整備の仕上げは担任が行う

　卒業式後の時間では保護者が教室に入ります。そのときの印象が中学校最後の印象として残ります。生徒たちが一生懸命に掃除したことが伝わるように，保護者の視点で仕上げをします。

5　生徒の卒業式に対する思いを全教職員で共有する

　卒業式は卒業生が主役の行事です。教職員の思いだけで卒業式を行ってはいけません。卒業生たちがどのような思いで式に向かうのか，全教職員が共有したうえで支援をしていきます。

6　思いを話す場と機会を保障する

　自分の言葉で，中学校生活の思い出や抱負，感謝，クラスへの思いを語る姿に，語る側も聴く側も心を動かされます。保護者にとっては，我が子の成長を直に感じられる時間になります。

　3月に入ると，卒業式に向けて式練習が始まります。生徒たちの多くは，1・2年時の卒業式の「送辞・答辞」「呼びかけ」「式唄」「涙を流す先輩の姿」を強く記憶に残しているので，所作の練習よりも歌や呼びかけの練習をしたいと思っています。場合によっては，式次第に沿った所作の練習で強い指導をする必要が出てくるかもしれません。卒業を祝う喜びの式なのに，マイナスな印象を残すことは避けたいものです。そこで，卒業式とは何かを練習前に語り，生徒が所作の練習の意味を納得できるようにします。される側が納得したうえでの指導は，よりよい卒業式をつくることにつながっていきます。

　例えば次のように語ります。

　「なぜ式練習で所作の練習をするのか，それには2つの理由があります。

　1つ目は，卒業式とは卒業証書授与式だからです。生徒一人ひとりが呼名され，人生の節目となる卒業証書を校長先生から受けとる，人生の大事な式です。呼名されたとき，その生徒ただ1人のためにみんなが時間を共有し，授与を見届けます。人生の中で，このような時間はほとんどありません。それほど価値ある時間なのです。ですから会場にいる誰もが，卒業生一人ひとりに祝福の気持ちを送ることのできる空間をつくるために練習を行います。

　もう1つは，卒業式が儀式だからです。儀式には様式があります。礼をするタイミングや所作が決まっているということです。堅苦しいように感じますが，決まった様式で式をすることで人生の区切りがつきます。言い換えれば人生の次の段階へ進むために必要な儀式なのです。中学校を卒業すると，それぞれが違った人生を歩んでいきます。その区切りをよりよいものにするために，儀式の様式美を高める練習をしていきます」

　こうした説明は，卒業式前だけにするのでは納得できないかもしれません。1・2年時の卒業式練習や，丁寧な所作が求められる場面で，繰り返し語ることで生徒の理解につながります。

　また，教職員も生徒に求める質の所作をすることは当然です。大人が真剣に取り組む姿を示すことは，卒業式以外の場面でも，学校では必要なことです。それが大きな信頼につながるからです。

② 先輩として後輩にどのような姿を示し語るのかを考えさせる

　人は，あこがれや目標をもったときに，行動に向けての一歩を踏み出すことができます。卒業式は，卒業生があこがれの対象とされるような姿を言葉や表情で見せることができる最後のチャンスです。式練習では，在校生からどのように見られているのかを意識させます。昨年度の卒業式で見た3年生の姿を思い返すために，録画した映像を見せるのも効果的です。堂々とした姿が卒業式に凛とした雰囲気をつくり出していることや，卒業証書を受けとるときの表情や姿勢が，見ている側にどのように映るのかがよくわかります。

　在校生の視点で式練習を捉えることを意識づけしておくと，生徒は自ら考えて凛とした姿をつくり出します。また，式練習を通して担任が生徒たちを認めるポイントが増えます。式練習は堅苦しい場ではなく，自分たちの堂々とした姿を示す，嬉しい場というように意識を変えさせることができます。

　式練習以外でも，後輩にどのような姿で語るかを生徒が考えるようにすることがポイントです。例えば，卒業が近づいてくると，3年生全体の掃除の質が向上します。それまでは，なかなか積極的に掃除に向かわなかった生徒も，仲間と共に掃除に励みます。校内でのあいさつや，班や学級での活動でも同じです。もう限られた日数しかできないという気持ちが，無意識にそのような行動につながるのでしょう。

　そこで，教師が3年生の掃除やあいさつ，授業での姿を意識的にほめるのです。1・2年生にも積極的に伝えます。ほめて，伝えることで卒業生の自尊感情を高めることができます。

　「堂々としなさい！」と言われてからするような姿は，見ている側には堂々とは映らないものです。卒業間近の時期に，他者から認められる回数が増すことで，自然と自信が増していきます。その自信が，卒業式での背中で語る堂々とした姿につながっていきます。

❸ 自分の未来を描けるようにする

2でふれたように，人は目標をもったときに次の行動を起こします。卒業式は人生の節目ではありますが，ゴールではありません。卒業式の成功＝生徒が自分の人生を歩き始められることだと考えます。卒業式後の未来を自分で描けるようにすることで，生徒自身がより前向きに卒業式に向かうことができます。

では，どのようにすれば自分の未来を描けるようになるのでしょうか。一朝一夕にできることではありませんが，卒業式を目前としている時期の例を2つ紹介します。

1つは，生徒自身が自分の未来を言葉にすることです。卒業文集でそのページをつくる学校もあるでしょう。書くことを困難に思っている生徒も，自分の未来を書き始めると筆が進むものです。少し時間が必要ですが，こうした言葉にする機会をつくりましょう。

もう1つは，身近な大人が未来を語ることです。担任が自分の生き方を語ります。波乱万丈の人生を語る必要も，長い話を語る必要もありません。生きるうえで担任が大事にしていることを，ゆったりと語ります。卒業文集を書く前に語ることも効果的です。

❹ 教室の環境整備の仕上げは担任が行う

卒業式前日には，普段より時間をとって掃除をする学校が多いのではないでしょうか。自分たちが過ごしてきた教室を掃除する生徒の表情は，笑顔と同時に思い出を懐かしむように見えます。このような表情を見ることができるのは，担任にとって感慨深い瞬間です。1でもふれたように，この掃除では，普段なかなか掃除に集中できない生徒も積極的になります。この姿をつかんで，学級全体に伝えましょう。ここでも価値ある姿を伝えることは，生徒たちにとってプラスに働きます。掃除や環境整備をして，すっきりしたうえに，さらにほめてもらうことで，より前向きな気持ちで卒業式を迎えることができます。

その後が大事なポイントです。生徒が下校後，担任が環境整備の仕上げをします。各校によって教室のつくりが異なるので，これをやればいいというのは言い切れませんが，保護者が教室に入ったときに見る部分は，もう一度掃除をしましょう。例えば，机の並びを整える，掲示物があれば剥がれや汚れがないか確認する，ロッカーの中を雑巾で仕上げ磨きをするなどがあります。これは担任が保護者にほめてもらうためにするのではありません。保護者は生徒が掃

除をしたことを知っています。教室に入ったときに，汚れもホコリもない状態を見れば，一生懸命に掃除をしたことが伝わります。3年間の中学校生活で，わが子たちがここまで気持ちを込めて掃除できるようになったと感じてもらえるからです。また，そのような教育ができる学校であるという保護者からの信頼は，これからの地域との信頼につながっていきます。

　教室の環境整備の最後に，黒板をきれいにします。卒業の日の黒板をどのように活用するのかは，様々な方法があり，担任の個性を存分に発揮できるツールです。例えば，生徒が学級のメンバーへメッセージを書く，担任の卒業式に対する思いを書く，黒板アートのキャンバスとして活用するなどがあります。

　私は，教室前方の大きな黒板にはあえて何もかかずに，後方にある小さな黒板に，合唱発表会で歌っている学級の姿をかきました。このクラスの団結が一番わかる姿だったからです。前方の黒板に何もかかなかったのは，最後のホームルームで，黒板を背にして語るときに生徒の視界の邪魔にならないようにするためと，生徒のこれからの未来は何でも描ける黒板のようなものだというメッセージを込めるためです。

❺ 生徒の卒業式に対する思いを全教職員で共有する

　卒業式に向けて3年生の気持ちは高まっていきます。1年生は中学校の卒業式とはどのようなものなのか，期待する気持ちで待っていますし，2年生は先輩たちからバトンを受けとり，新たな中学校をつくっていこうという気持ちをもっています。それぞれの立場の気持ちが重なり合って卒業式はつくられます。

　そこで，全校生徒の気持ちが美しく重なるように，教職員が支援をしていく必要があります。卒業式は人生の節目であり，卒業生が主役の行事です。教職員の思いだけの卒業式を行ってはいけません。儀式としての形がある中で，卒業生たちはどのような思いで式に向かうのかを，全教職員が共有した上で支援をしていきます。

具体的には，３年生の担任は生徒の卒業式に対する思いを聞く時間を設定します。授業の都合で時間がとれない場合は，プリントや学年だけで行う卒業式練習の時間を活用して，生徒自身が語る場を設定します。その後，３年生全体として大事にする思いを学年でまとめ，全教職員に伝えます。１年生の学年団，２年生の学年団は，３年生の思いを理解したうえで，各学年の式練習の指導ができるようになります。

　生徒にとっては，自分たちが目指したい卒業式ができるメリットと，式練習で何を求められているのかがわかるメリットがあります。教職員にとっては，式練習で目標とする姿について全教職員で同じ考えを語ることができます。その結果，強い口調で式練習を指導する必要もなくなります。誰もが納得できる卒業式にするために，全教職員の理解は必要です。

⑥ 思いを話す場と機会を保障する

　卒業式後には最後の学級の時間があります。学級のメンバーと過ごす最後の時間でもあり，担任が語ることができる最後の時間でもあります。ぜひ，生徒一人ひとりからみんなへのメッセージを伝える場をつくりましょう。自分の言葉で中学校生活の思い出やこれからの抱負，保護者への感謝，学級への思いを語る姿に，語る側も聴く側も心を動かされます。また，保護者にとっては，家では見せない我が子の成長を直に感じられる時間です。

　だからこそ，卒業式後に自分の思いを語る時間があることを，必ず生徒に伝えておきます。１週間前ぐらいがよいでしょう。なぜこの時間を設定するのか，どのようなことを語ってほしいのか，また，目安の時間を具体的に伝えます。十分時間をあけて告知することで，生徒は何を話すのかを考え始めます。普段は話す内容を直前に決めるような生徒も，学級のメンバーがいろいろ相談している姿を見聞きするうちに，自然と考え始めます。また，話す内容を悩んでいる生徒にとっても，１週間の間に３年間を思い出すことができ，話すことを決められます。

　こうしたことは卒業式に限ったことではありません。普段から生徒が見通しをもてるように，早めに指示や連絡をしておきましょう。生徒にとっては中学校生活の１日１日が価値あるもので，一生に一度のことです。全てを思い通りにはできなくても，準備をしたうえで行ったことには納得がいきます。

　生徒たちが安心して自分の思いを出せる場と機会を設定することで，卒業式と最後の学級での時間が，生徒たちにとって納得のいくものになります。

（髙田　佳和）

1 初めての3年生担任，進路指導に不安があります…

Question

初めて3年生を担任します。3年間持ち上がりで担任をしてきたので，生徒ともよい関係が築けており，卒業式を笑顔で迎えたいと思っています。しかし，1つだけ気がかりなことがあります。それは，進路指導です。特に高等学校の受験指導をどのように進めればよいでしょうか。1年間どのようなことに気をつけて進路指導を進めていったらよいか教えてください。

Answer

進路指導は生き方指導

初めての3年生担任ということで，進路指導に関して，かなりの不安を感じていらっしゃるようですね。それは当然のことです。生徒の将来にかかわる指導をするわけですから，不安とともに大きな責任を感じていらっしゃることでしょう。

進路指導というと，どうしてもどの高等学校を受験するかという受験指導，あるいは学校選択の指導を思い浮かべてしまいがちです。実際には，そうした指導もありますが，もう少し大きく進路指導を捉えてほしいと思います。**進路指導は「生き方指導」と考えることです。**1年間の進路相談を通して，自分の特性や将来の希望についてじっくりと考えさせるとともに，中学校卒業後の人生の見通しをもたせる指導を進めていきましょう。人気バンドであるDREAMS COME TRUE の名曲のタイトルを使わせていただくならば，「未来予想図」を生徒や保護者と一緒に考える指導と捉えましょう。

最後は生徒自身と保護者が決める

　進路指導を初めて担当するときは，質問者の先生のように大きな責任を感じられる方がほとんどです。「生徒の希望通りにしないといけない」「高校受験に失敗させてはいけない」というようなプレッシャーを自分にかけすぎてしまうことが往々にしてあります。

　しかし，**進路を決定するのは，最終的には生徒自身と保護者です。担任は，あくまでも情報提供者であり，アドバイザーです。**進路指導に責任をもつことは大切なことですが，その結果にまで責任をもつことはありません。正確な情報と本人の希望や適性，そしてデータに裏づけされた適切な助言をすることに心がけましょう。

　したがって，「この高校がいいですよ」「ここなら合格間違いありません」「この３つの高校しか選択の余地はないですね」というような選択の幅が狭い，限定的な指導は避けるべきです。担任がすすめた学校と捉えられてしまいます。生徒や保護者の希望をもとにした様々な情報提供をし，生徒自身と保護者に最終的な決定を委ねましょう。私たちは生徒の人生全てに責任をもつことはできないのです。

中途半端は厳禁！

　進路指導の中でよく起こるトラブルとして，「担任からの情報が間違っていた」「隣の学級の先生と言っていることが違っている」という例があります。初めて進路指導を担当するわけですから，わからないことや迷うことが多々出てきます。そのときに，知ったかぶりをして曖昧な情報を伝えてしまうと，取り返しのつかない事態にまで発展することがあります。**困ったときは自分で判断せず，必ず進路指導主事や学年主任に相談することが大切です。**決して恥ずかしいことではありません。これこそが生徒の進路選択に責任をもつということになります。**中途半端や曖昧な指導は厳禁です。**

Point！

　進路指導は生き方指導です。そのために正確な情報提供と適切なアドバイスができるよう先輩の先生や進路指導主事等から学ぶことが大切です。そして，最終的に生徒自身と保護者が自信をもって進路決定できるよう全力で支援しましょう。

2 なかなかリーダーが 育ってきません…

　3度目の3年生担任です。比較することはよくないと思いますが，今年度の学級ではなかなかリーダーが育ちません。前2回と同じ指導をしているのですが，自分のことが大切で，学級のことにまで手が回らないようです。できればリーダーを中心にした学級経営をしたいのですが，現状では難しいようです。よい指導方法があったら教えていただきたいです。

Answer

「リーダー＝先生の下請け」というイメージからの脱却

　学級の中のリーダーに対して，生徒の多くは「先生の仕事の下請け」的なイメージをもっています。「学級をまとめなくてはいけない」という責任を負わされることになり，かなりの負担を感じる生徒も少なくありません。こうした負担感からリーダーになることを避ける生徒が増えてきています。特に3年生になると，受験に向けた学習が忙しくなり，できるだけそうした仕事や役割に関わらないようにする生徒もいます。

　「先生の下請け」的なリーダーは，本来のリーダーとはかけ離れたものです。本来のリーダーは，フォロワーである生徒の意見を聞き，学級が1つにまとまるための諸問題を解決していく中心的な存在であるべきです。まず，担任自身が学級の中におけるリーダーの在り方をしっかり捉え直さなくてはなりません。学級のリーダーに対して，「下請け」的な対応をしているうちは，リーダーは育ちません。

フォロワーを育てる

学級の中のリーダーを育てるというと，その生徒のリーダーとしての資質を伸ばすということになりますが，それだけでは大きな負担をその生徒に負わせることになってしまいます。そこで，「**リーダーの育成＝フォロワーの育成**」と捉えてみましょう。フォロワーとは，「リーダーを支える人物」です。学級の中に，リーダーを支えていこうとする雰囲気（支持的風土）を醸成することが，リーダーを育てるうえで最も大切なことです。

フォロワーが育てば，リーダーが自分１人で責任を感じることがなく，学級が１つにまとまっていきます。リーダーの育成は，フォロワーの育成であり，「**フォロワーの育成は，学級づくり**」と考えてみましょう。

サブリーダーがフォロワーを育てる

では，具体的にどのようにしてフォロワーを育てればよいのでしょうか。２つのことが大切になります。

１つは，担任として学級の中に「利他（人のために尽くす）」の心を育てることです。これは，どの担任も４月から取り組むべきことです。

もう１つは，**サブリーダーをつくることです。リーダーを支え，協働して学級づくりをしてくれる仲間をつくることです。** 黒田官兵衛という軍師が豊臣秀吉を支えたように，名将の陰には必ず「名参謀」がいます。学級の中にもこうした名参謀（サブリーダー）を増やしていくことです。リーダーを支える"チーム"をつくってみましょう。学級内で生徒から信頼があり，影響力のある生徒をチームの中に配置し，リーダーの考えが具現化していくように支える体制をつくります。

こうした**チームづくりから，リーダー育成**を始めてはいかがでしょうか。

Point！

リーダー育成は，フォロワー育成と考えます。リーダーを支えるフォロワーの存在がリーダーの負担を減らし，学級づくりにつながっていきます。リーダーを中心とする「チーム」をつくることから始めましょう。

3 生徒から好意をもたれ、困っています…

Question

　20代後半の男性教師です。自分の担任する学級の女子生徒の1人から好意をもたれ、困っています。スマートフォンの通話アプリの連絡先をしつこく聞かれたり、手を握られたりしたこともありました。私はいつもきっぱりと断っていますが、生徒には伝わっておらず、いつまでたってもいわゆる「アタック」するような行為がやみません。他の生徒や、保護者からの目も気になります。私はどのように対応すればよいでしょうか。

Answer

す ぐに管理職に報告を!

　早急に管理職に報告を入れましょう。そして、管理職から指示を受けることです。これは先生が思っている以上に緊急を要する問題であり、身分にもかかわります。何かあってからでは遅いです。

　中学3年生は、思春期真っただ中。さらに進路選択を控えて、気分的にも不安定になる生徒が多いものです。そんな中で頼りになる存在を求める生徒が、同い年の子よりも、先輩や年齢の近い教師に憧れをもつということは十分にありえます。

　生徒は自分の感情のおもむくままに行動しますから、それを見ている保護者が気づかないはずはありません。**保護者の心配は、先生への不信感に変わってきます。**

　このままにしておくと、最終的に生徒自身が傷つくことになります。先生が自分の身を守るためにも、その生徒のためにも、早めの対応が必要です。

チームで対応する

では，どのように対応していけばよいでしょうか。まず考えなければいけないことは，その生徒の気持ちです。純粋な思いを傷つけることがないように，大人として丁寧に対応しなくてはなりません。かなりデリケートな対応になります。こう考えれば，この対応は当事者同士では無理があることがわかりますね。**チームで対応することです。**

学年の先生の協力は当然ですが，その中に養護教諭やスクールカウンセラー，相談員等にも入っていただきましょう。できれば女性の先生に中心になって対応してもらうことがベストです。保護者にも必ず相談し，一緒に対応してもらえるようにしていきましょう。

最後は自己決定が大切！

具体的な対応です。まずは，第三者（できれば女性）に彼女の思いをしっかり受け止めてもらうことです。決して否定してはいけません。その純粋な思いを尊重することです。彼女の自己肯定感を傷つけるようなことがあってはいけません。

そして，最後の段階で，様々な立場から，彼女にアドバイスをしてあげることです。「○○しなさい」「○○でなくてはいけない」という高圧的な指導は，その後の教師と生徒の関係を崩してしまう可能性があります。この後も良好な関係でいられるよう，最終的には彼女自身にどうしたらよいかを判断させたいと思います。

①共感的な人間関係の構築
②自己肯定感の育成
③自己決定力の育成

の３つの機能を意識した生徒指導を行うことは，そのまま学級経営を円滑に進めることにつながってきます。今回のケースもそれを意識して対応することが大切です。

Point！

相手はかわいい生徒でも，自分の身を守ることは絶対に忘れてはいけません。1人で抱え込むほど問題が大きくなりうるので，チームで対応することが大切です。その際に，生徒の思いを共感的に受け止めることが最も大切です。そして，その後の関係も考えながら，生徒指導の３つの機能を意識した指導を進めてみましょう。

4 自分の指導方法に自信がもてません…

採用7年目です。3年生は2度目の担任となります。2度目ですので，学級経営や進路指導などについてある程度の見通しをもつことはできるのですが，なかなか自分の指導方法について自信をもつことができません。3年生を担任される方は，それぞれに経験が豊富で魅力的な学級経営をしていらっしゃいます。しかし，私の学級経営にはこれといった特徴がなく，生徒からも「○○の先生の学級は楽しそうだな」という声が聞こえてくることもあります。個性的な学年職員の中で埋没してしまいそうです。

Answer

自分らしく生徒と向き合うことを意識する

ある程度教師の経験を積むと，自分なりの学級経営の「型」のようなものができてきますね。そして，3年生の担任となると，それなりの経験と力をもった人が選ばれます。義務教育最後の学年であり，進路選択もあるということで，管理職はそうした教師を担任に指名します。そのような中で，劣等感を抱いてしまうことは当たり前です。

しかし，**背伸びする必要はありません**。あなたには他の先生にはない「あなたらしさ」があるはずです。

背伸びをしようとすると，かえって生徒から反発されることがあります。**生徒のことを中心に考えていけば，生徒の心は先生のもとから決して離れません。**

自分の「強み」を十分に生かす

あなたは自分の指導法に自信がないと考えていらっしゃいますが，それは自分の「強み」を自覚していないからです。**あなたにはあなたにしかない「強み」が必ずあるはずです。**他の学級の先生が魅力的に見えるのは，それぞれの先生が自分の「強み」を最大限に生かしているからです。

私も2度目の3年生を担任したとき，初めて学年の生徒指導の担当となりましたが，体が小さく強面でもなく強い指導ができるわけではないので，大変戸惑いました。しかし，自分の強みは，生徒との共感的な関係を築いて柔らかく穏やかに接することだと気づき，この姿勢で生徒指導を行うことにしました。もちろん，学級経営でも同様の姿勢で指導にあたり，その結果，穏やかで温かい学年，学級ができあがりました。

あなたにも，あなたにしかない「強み」が必ずあります。"特徴のない学級経営"は，言い換えるならば"堅実な学級経営"ということです。堅実さを「強み」にしてはどうでしょうか。生徒の多くは，その堅実さに気がつき，安心して生活できるのではないでしょうか。堅実な先生が，時々"熱く"なったら生徒は驚き，さらに先生のことが大好きになりますよ。

真似る，学ぶ，そして自分を鍛える

そうはいっても，自分の学級経営の「型」にもっと厚みをつけて，早く先輩のような魅力的な学級経営をしたいという思いもよくわかります。でしたら，その技術を盗んでしまいましょう。盗むというと聞こえが悪いですね。すっかり真似すればよいわけです。しかし，ここで気をつけなくてはいけないのは，「自分には合わないな」「うまくいかないな」と感じたらすぐにやめるということです。全てのことを真似できるわけはなく，性格的に無理な場合もありうるからです。

真似ることとあわせて，自ら「学ぶ」ことも大切にすべきです。自分の力を伸ばしたい，学級経営がうまくなりたいと思うのであれば，身近な先輩の学級経営方法を学ぶだけでなく，自ら学ぶ場所を見つけることです。それは書籍を読むことであってもよいし，研修会や研究会に参加することであってもよいのです。我流はあくまでも我流であって発展性が少ないものです。しっかりした理論と技術を系統的に学べば，自分の学級経営に必ず厚みが出てきます。

若いうちに学んだことは，必ず実になります。惜しまずに「学び」にお金や時間を費やしてみましょう。これまでの自分の学級経営の改善点もはっきりと見えてくるようになります。

国語教育学者の大村はま先生が生前にこんなことをおっしゃっていました。
"研究しない教師は先生だと思わない"

担任の１人として，どうしても，他の先生との学級経営を比較するような生徒の評判が気になりますね。しかし，**生徒からの評判を気にすることよりも，自分を鍛えることに意識を向けることが大切です**。生徒は教師の努力や強い思いには敏感です。教師の学びは，生徒の学びにつながっていきます。

生徒と同じ気持ちになる

　最後に先述の大村はま先生の言葉を紹介します。

> 研修はつらいし，やってもやっても急には効果が上がらないし，わかったような，わからないような，…さまざまな苦労があります。そしてまた，少しの喜びのあるものです。…自分を見つめたり，自分の到らないところを伸ばそうとしたり，それから高いものに憧れたり，一歩でも前進しようとしたりするということ，それはそのまま少年という育ち盛りの人たちのもった自然の姿なのです。子どもというのは，身のほども忘れて，伸びようとしたり，伸びたいと思っている人間です。…その子どもたちと同じ気持ちになることが，まず大事でしょう。
>
> 出典：大村ほま『教えるということ』（共文社，1973）

　人との比較ではなく，あなた自身の生きざまを生徒に感じさせることこそが，今すべきことです。

Point！

　人との比較をするのではなく，**自分の「強み」を生かした学級経営をする**ことが大切です。**自分らしさを前面に出すことこそが生徒を引きつける大きな力となります**。そして，自らを鍛えるためにおおいに学ぶことです。先生の学ぶ姿は，生徒に大きな刺激を与えるだけでなく，自分自身を鍛えることにもつながってきます。**おおいに学びましょう！**

（山田　貞二）

【執筆者一覧】

玉置　　崇（岐阜聖徳学園大学）

山田　貞二（愛知県一宮市立浅井中学校）

堀　　将礼（愛知県一宮市立浅井中学校）

西村　禎子（神奈川県横浜市立田奈中学校）

金子　和人（愛知県長久手市立南中学校）

久保　慎也（愛知県小牧市立小牧中学校）

時田　　学（愛知県一宮市立浅井中学校）

松岡　美幸（愛知県一宮市立浅井中学校）

三品　慶祐（愛知県小牧市立小牧中学校）

田中友二郎（愛知県岡崎市立額田中学校）

芝田　俊彦（愛知県小牧市立味岡中学校）

玉置　潤子（元愛知県春日井市立高森台中学校）

宮内　祐未（愛知県小牧市立味岡中学校）

弓矢　敬一（愛知県一宮市立西成東部中学校）

久保美也子（愛知県小牧市立岩崎中学校）

桑山　正吾（愛知県小牧市立篠岡中学校）

小山内　仁（北海道八雲町立野田生中学校）

石川　　学（愛知県小牧市立北里中学校）

森川　晋平（愛知県大口町立大口中学校）

林　　雄一（愛知県一宮市立浅井中学校）

湯浅　良将（愛知県一宮市立浅井中学校）

野木森　広（愛知教育大学）

武田　慎平（愛知県小牧市立味岡中学校）

野間　美和（愛知県春日井市立南城中学校）

深澤　成雄（愛知県一宮市立浅井中学校）

岩田　光功（愛知県一宮市立西成中学校）

髙田　佳和（三重県東員町立東員第一中学校）

【編著者紹介】

玉置　崇（たまおき　たかし）

1956年生まれ。公立小中学校教諭，国立大学附属中学校教官，中学校教頭，校長，県教育委員会主査，教育事務所長などを経て，平成24年度から3年間，愛知県小牧市立小牧中学校長。平成27年度より岐阜聖徳学園大学教授。

文部科学省「小中一貫教育に関する調査研究協力者会議」委員，「統合型校務支援システム導入実証研究事業」委員会委員長などを歴任。

著書に『中学校　新学習指導要領　数学の授業づくり』（明治図書，単著），『スペシャリスト直伝！中学校数学科授業成功の極意』（明治図書，単著），『わかる！楽しい！中学校数学授業のネタ100　1～3年』（明治図書，編著），『「愛される学校」の作り方』（プラネクサス，共著），『落語家直伝　うまい！授業のつくりかた』（誠文堂新光社，監修）など，多数。

1年間まるっとおまかせ！
中3担任のための学級経営大事典

2020年3月初版第1刷刊　©編著者　玉　置　　　崇
2024年1月初版第3刷刊　発行者　藤　原　光　政
　　　　　　　　　　　発行所　明治図書出版株式会社
　　　　　　　　　　　http://www.meijitosho.co.jp
　　　　　　　　　　　（企画・校正）小松由梨香
　　　　　　　　　〒114-0023　東京都北区滝野川7-46-1
　　　　　　　　　振替00160-5-151318　電話03(5907)6701
　　　　　　　　　ご注文窓口　電話03(5907)6668
＊検印省略　　　　組版所　長野印刷商工株式会社

本書の無断コピーは，著作権・出版権にふれます。ご注意ください。

Printed in Japan　　　ISBN978-4-18-327315-4
もれなくクーポンがもらえる！読者アンケートはこちらから　→

中学校 学級づくり

365日の 仕事術＆アイデア事典

玉置 崇 編著

アイデア満載！

学年別3巻

160ページ A5判

1,960円＋税

図書番号
1年：1751　2年：1752　3年：1753

教室トークから
行事盛り上げ術まで

中学1年の
学級づくり
365日の
仕事術＆
アイ

中学2
学級づ
365
仕事

中学3年の
学級づくり
365日の
仕事術＆
アイデア事典
玉置 崇 編著

修学旅行を成功させるための秘策から
卒業の日に向けた演出まで
中3担任のための毎日のネタ帳！

■見開き構成＆写真多数で
　パッと見てわかる！

■節目ごとの担任のトーク例や
　各学期の通知表文例も収録！

●なぜあの先生の**トーク**には生徒が耳を傾けるのか？
●なぜあの教室の**掲示物**には動きがあるのか？
●なぜあの学級は**合唱祭**に向かって日に日にまとまっていくのか？

うまくいくには
理由（わけ）がある

明治図書　携帯・スマートフォンからは　**明治図書 ONLINE へ**　書籍の検索、注文ができます。▶▶▶

http://www.meijitosho.co.jp　＊併記4桁の図書番号（英数字）でHP、携帯での検索・注文が簡単に行えます。
〒114−0023　東京都北区滝野川7−46−1　ご注文窓口　TEL 03−5907−6668　FAX 050−3156−2790

＊価格は全て本体価表示です。